FERNANDO HOLIDAY

SENZALA IDEOLÓGICA

SENZALA IDEOLÓGICA
@EDIÇÕES 70, 2024
AUTOR: FERNANDO HOLIDAY
DIRETOR DA ALMEDINA BRASIL: Rodrigo Mentz
EDITOR: Marco Pace
EDITORA DE DESENVOLVIMENTO: Luna Bolina
PRODUTORA EDITORIAL: Erika Alonso
ASSISTENTES EDITORIAIS: Laura Pereira, Patricia Romero e Tacila Souza

REVISÃO: Casa de Ideias
DIAGRAMAÇÃO: Casa de Ideias

ISBN: 978-65-5427-271-1
Maio, 2024

DADOS INTERNACIONAIS DE CATALOGAÇÃO NA PUBLICAÇÃO (CIP)
(CÂMARA BRASILEIRA DO LIVRO, SP, BRASIL)

Holiday, Fernando
    Senzala ideológica / Fernando Holiday. -- São Paulo : Edições 70, 2024.
    ISBN 978-65-5427-271-1

1. Brasil - História 2. Crítica social 3. Escravidão - Brasil - Historiografia 4. Ideologia - Aspectos sociais 5. Movimento negro 6. Política - Brasil - História 7. Racismo - Aspectos sociais 8. Relações étnico-raciais I. Título.

24-204800   CDD-301

Índices para catálogo sistemático:
1. Relações étnico-raciais : Crítica social : Sociologia 301
Aline Graziele Benitez - Bibliotecária - CRB-1/3129

Este livro segue as regras do novo Acordo Ortográfico da Língua Portuguesa (1990).

Todos os direitos reservados. Nenhuma parte deste livro, protegido por copyright, pode ser reproduzida, armazenada ou transmitida de alguma forma ou por algum meio, seja eletrônico ou mecânico, inclusive fotocópia, gravação ou qualquer sistema de armazenagem de informações, sem a permissão expressa e por escrito da editora.

EDITORA: Edições 70
Rua José Maria Lisboa, 860, Conj.131 e 132, Jardim Paulista | 01423-001 São Paulo | Brasil
www.almedina.com.br

Sumário

Apresentação **5**

Capítulo I O movimento negro sempre foi marxista? **11**
   O que os marxistas escondem de você **14**
   Negros cancelados pela militância negra contemporânea **21**
      André Rebouças: o engenheiro negro do Brasil Imperial 21
      José do Patrocínio: o eloquente orador negro do Império 32
      Luiz Gama: o advogado negro republicano 38
   Abolição: liberdade negra em troca do trono imperial **42**

Capítulo II O verdadeiro movimento negro **49**
   Racismo científico **51**
   A República eugenista **56**
   O legítimo movimento negro **64**
   O monarquista católico na Primeira República **67**
   Frente Negra Brasileira **75**
   Estado Novo e o convívio entre as raças **91**
   Movimento negro contemporâneo: marxismo racial **106**

Capítulo III Educação: A máquina de doutrinação **115**
   A educação no Brasil **119**
   Os péssimos índices da educação brasileira **128**
   As premissas equivocadas da Lei de Cotas **132**
   Cotas raciais na educação superior brasileira **139**
   Apartheid do bem **145**
   A solução **153**

Considerações finais **157**
Bibliografia **160**

Apresentação

Olá, caro leitor, é uma grande honra ter você por aqui. Já há muito tempo que o desejo de escrever este livro me consumia. Isto ocorre porque me tornei conhecido por conta de posicionamentos considerados no mínimo "controversos" pelo consórcio da grande mídia e absolutamente chocante para boa parte da esquerda. Ousei, em meados de 2015, ser um negro que contestava o sistema de cotas raciais e considerava abusiva e racista a militância do movimento negro. Não demorou muito para que diversos ataques viessem de todos os cantos, mas, ao mesmo tempo, percebi que não estava sozinho na jornada e muitas outras vozes negras e brancas também se levantaram contra a divisão racial do nosso país. A sensação de uma voz solitária que gritava no deserto não durou muito.

Trabalhei para dar voz àqueles cujas convicções eram sufocadas pela prisão de pensamentos da esquerda. Participei de debates marcantes, como o que tive com Mano Brown, num podcast do Spotify, em que pude desvelar aquilo que a esquerda muitas vezes silencia: a perspectiva dos negros que não se submetem à cartilha ideológica.

De qualquer forma, falar não era suficiente: era preciso colocar em palavras e teorizar para a posteridade os horrores que o marxismo embutido no movimento negro causou, causa e causará para a sociedade brasileira. Por isso, apesar de ter lutado intensamente no campo político contra essas ideias nefastas, considerei importante ter ao menos um compilado da nossa história e dos nossos problemas raciais que não estivessem contaminados pela visão da esquerda brasileira.

Além disso, era importante denunciar de alguma forma o racismo criminoso que frequentemente é ocultado pela mídia quando praticado pela esquerda. Este racismo tem uma forma específica e é parte de uma estratégia política de dominação e perpetuação do poder –, é o que chamo de "senzala ideológica". Usaremos bastante este termo ao longo deste livro, pois é continuidade da senzala que conhecemos nos livros de História, mas agora ela não é mais um lugar físico: encontra-se no mundo das ideias e busca aprisionar pessoas negras em ideais, partidos, políticos e ambientes marxistas. Falaremos mais sobre ela adiante.

A bem da verdade, esse termo não foi criado por mim. Comecei a me deparar com ele em comentários nas redes sociais e em palestras, e busquei aprofundar o seu conceito dentro do possível. Entretanto, independentemente de qualquer conceituação, é fato que nos últimos anos a senzala ideológica tem perdido o seu poder, especialmente após a eleição de Jair Messias Bolsonaro como presidente da República em 2018. Diversas pessoas negras, figuras públicas ou não, perderam o medo de se posicionar graças à esperança de liberdade trazida por esse homem naquela eleição. A cor da pele sob seu governo deixou de ser critério para definir caráter e currículo. Os brasileiros foram tratados como iguais e o bem da nação foi colocado acima de quaisquer divisões étnicas, religiosas ou sociais.

Por essa razão, sei que publicar um livro sobre esse assunto após todo esse processo terá muito mais efeito, pois o caminho mais difícil já foi desbravado por grandes líderes, como o ex-presidente no campo da política e o saudoso professor Olavo de Carvalho (1947-2022) no campo acadêmico, que semeou – muito antes – o caminho para o crescimento do conservadorismo e o avanço da direita no Brasil.

Falar das relações raciais no Brasil partindo do espectro à direita no campo político pode ser, por vezes, um exercício de nadar contra a maré, onde cada fibra muscular é posta à prova. O leitor deve estar se perguntando se a figura de linguagem empregada é uma hipérbole ou se, de fato, existe a resistência por parte da direita quando o assunto é a pauta racial.

APRESENTAÇÃO

Essa resistência se deve a um fator importante. O primeiro deles é o sequestro que a esquerda fez da pauta racial no Brasil. O *modus operandi* dos progressistas no que tange às pautas raciais produz o que chamo de "condicionamento da identidade negra", isto é, o movimento negro contemporâneo parte do conceito de "consciência de classe", que foi forjado por Karl Marx (1818-1883) no século XX, e o alarga colocando a raça como categoria em vez da classe social, resultando no que os esquerdistas chamam de "consciência negra".

Na teoria sociológica de Karl Marx, o proletariado precisa sair do processo de *alienação* e perceber que é *explorado*. Esta percepção é nomeada de *consciência de classe*, isto é, quando o proletário se dá conta de que vive em um sistema que explora a sua condição de proletário.

Essa lógica marxista inundou o movimento negro contemporâneo e engendrou a ideia de uma *consciência negra*. Por sua vez, a *consciência negra* é atingida quando o sujeito negro assimila e reproduz todo o discurso da esquerda identitária, ou seja, quando são reproduzidos todos os jargões dos movimentos sociais progressistas, e isso inclui tomar como verdade premissas como *dívida histórica* e *branquitude,* por exemplo. Quando o sujeito negro confronta esse conjunto de ideais esquerdistas, imediatamente ele passa a ser um *não negro* ou, pior, um *traidor* da raça negra.

Eu mesmo já fui vítima dessa tirania, em um dos episódios do claro racismo que sofri. O político Ciro Gomes se referiu a mim como "capitaozinho do mato" em uma das maiores emissoras de rádio deste país, a Jovem Pan, e o motivo que o levou a fazer tal xingamento racista foi a discordância em torno de ideias políticas.

Em 18 de junho de 2018, durante o "Jornal da Manhã", na Jovem Pan, o político cearense, ao comentar a conjuntura política da época, disse, em tom jocoso: "imagina, esse Fernando Holiday aqui. O capitãozinho do mato, porque a pior coisa que tem é um negro que é usado pelo preconceito para estigmatizar, que era o capitão do mato no passado".

Extremamente confortável com o "racismo do bem" que é chancelado pelos esquerdistas, Ciro Gomes, em 2019, voltou a proferir novas ofensas. Desta vez o cenário para destilar seu racismo foi o programa

"Morning Show" também da emissora Jovem Pan, em um debate com o comentarista político Caio Coppola, além de dizer que eu sou um "traidor da negritude", complementou com "capitão do mato nazista". Ou seja, para a esquerda, se você é branco, tem direito à pluralidade de ideias. Se não é, você, sujeito negro, deve viver dentro da "senzala ideológica" estipulada por eles.

É justamente esse cenário que norteia a principal tese desta obra e que inspira o termo "Senzala Ideológica". Nos tempos em que a escravidão ainda era considerada legalizada, a senzala se resumia a um espaço físico onde os negros revoltosos poderiam sofrer os mais diversos horrores. Já no século XXI, essa senzala se converte para o campo das ideias, no qual todos aqueles negros que não sucumbem à cartilha são atacados de maneira vil e até mesmo racista sem pudor ou parcimônia. Além de mim, tivemos casos contra o deputado Hélio Lopes (PL-RJ) e contra o então presidente da Fundação Cultural Palmares, Sergio Camargo, sem falar nos incontáveis que vão contra a maré nas universidades, no trabalho e no seu ambiente social, cujos nomes talvez nunca venhamos a conhecer.

Outros exemplos de nomes de pessoas negras de direita que são constantemente atacadas não faltam, e são exemplos justamente por resistirem bravamente. É o caso de Sonaira Fernandes, vereadora de São Paulo e Secretária de Estado de Políticas Para as Mulheres no Governo Tarcisio em SP, Gesiane Freitas, socióloga e analista política, Rafael Satiê, empresário e comentarista político, e tantos outros.

Nesse cenário, apontar o problema do racismo no Brasil e discordar das soluções propostas pela esquerda é um caminho solitário e desbravado por poucos da direita, por isso o objetivo deste livro é mostrar que há legitimidade nos problemas de cunho racial, mas também mostrar que as soluções indicadas pelos movimentos esquerdistas são equivocadas, a exemplo das cotas raciais.

Para tanto, no primeiro capítulo apresentarei um breve resumo da história do movimento negro brasileiro. Como posto acima, a esquerda foi tão exitosa em seu projeto de dominação cultural que grande parte das pessoas que compõem a direita acredita que o movimento negro brasileiro é resumido a essa fase contemporânea que nós temos contato. Isto é, no entendimento desta direita, o movimento negro é resumido ao forte sentimento de autopiedade além da fomentação da intensificação da segregação racial com pautas como *relacionamento inter-racial* ou *apropriação cultural.*

A deslegitimação da pauta racial brasileira que é promovida pelo movimento negro contemporâneo ignora a luta abolicionista e grandes figuras negras como André Rebouças (1838-1898), José do Patrocínio (1853-1905), Arlindo Veiga dos Santos (1902-1978), Luiz Gama (1830-1882) e outros que não têm o "perfil desejado" por esses novos negros que tomaram posse do movimento.

O segundo capítulo do livro será dedicado a algumas conclusões que o movimento negro contemporâneo toma como verdade e impõe dentro da agenda política brasileira. O objetivo é entender até onde vai a veracidade de determinados fatos contados pela esquerda e onde começa a narrativa incrustada de marxismo. Neste capítulo desvendaremos os pontos-chave nos quais o movimento negro contemporâneo serve como braço político para a revolução marxista.

O terceiro e último capítulo tem como objetivo debater um dos assuntos mais polêmicos dos últimos anos em termos de pauta racial: as cotas raciais. Um dos inúmeros problemas que o movimento negro marxista gera na sociedade é tomar determinados temas como um consenso dentro da comunidade acadêmica e opinião pública e, sem dúvidas, as cotas raciais passam por este processo. Contudo, na base objetiva da realidade, o que temos é um debate em torno do tema que não é difundido, logo, esta parte do capítulo tem como objetivo jogar luz ao debate e às vozes dissonantes do cenário acadêmico. Será nessa discussão que trataremos mais especificamente dos problemas causados pela senzala ideológica e a importância de combatê-la.

Por fim, acredito que seja perceptível, mas não custa reforçar: este livro tem uma clara tendência de leitura social e histórica conservadora-liberal, embora com toda certeza os críticos aqui serão muito bem-vindos, principalmente aqueles abertos à reflexão. E, claro, este livro não pretende ser um artigo científico acadêmico: é uma obra para leigos, especialmente para quem busca debater essas questões em seu cotidiano: seja em uma mesa de bar, no churrasco da família ou no intervalo das aulas de sua escola ou faculdade. Ou, ainda, pretende ser uma espécie de escudo para os equívocos frequentemente apresentados por professores tendenciosos em sala de aula, especialmente os meus "queridos" colegas professores de História.

CAPÍTULO I

O MOVIMENTO NEGRO SEMPRE FOI MARXISTA?

Quando falamos sobre movimento negro, imediatamente vem à nossa imaginação jargões como *apropriação cultural, dívida histórica, privilégio branco, relacionamento afrocentrado* etc. Se você, caro leitor, for do tipo que se aprofunda um pouco mais neste mundo de movimentos identitários notará que, além disso, o mote principal do movimento negro contemporâneo é o anticapitalismo.

A premissa que se instalou na sociedade quando o assunto é algum movimento ou agenda política que levará à *justiça social* é que, se conseguirmos a expropriação da propriedade privada, isto é, a espinha dorsal do capitalismo, conseguiremos a expropriação de toda e qualquer mazela social. Neste cenário, o movimento negro contemporâneo difunde a ideia de um movimento antirracista e anticapitalista, contudo, se analisarmos a linha do tempo do movimento negro brasileiro, veremos que esta premissa nem sempre foi uma realidade.

A primeira coisa que devemos ter em mente quando falamos a respeito de movimento negro é que ele possui diversas fases e, portanto, diversas roupagens políticas. Essa pluralidade quanto às ideias políticas das fases anteriores do movimento negro é propositalmente silenciada pela fase contemporânea e o motivo é muito simples: os períodos passados não se "encaixam" na narrativa marxista contemporânea.

Para traçarmos um ponto de partida, podemos começar pelo movimento abolicionista – talvez o movimento social brasileiro com maior êxito – já é sabido das histórias a respeito de fuga e resistência da população negra, afinal, quando este período vem à tona nas salas de aula ou na grande imprensa, as figuras dominantes são Zumbi (1655-1695) e Dandara dos Palmares (1654-1694) e toda a história de como foram guerreiros e são motivo de orgulho para todo e qualquer negro brasileiro.

Concomitantemente a essa narrativa vem a de que a monarquia brasileira era contrária à abolição da escravatura, constituindo-se, assim, em uma personificação do que o movimento chama de *brancos europeus ricos opressores*. Mas, se a monarquia possuía esse caráter opressor, como explicar a relação de amizade entre André Rebouças e Dom Pedro II (1825--1891)? Como explicar o isabelismo fundado por José do Patrocínio? O que mais a história do nosso país tem a nos contar? Estas e outras questões serão respondidas neste capítulo.

No dia 13 de maio de 2018, data em que comemoramos 130 anos da abolição da escravatura, portanto, da Lei Áurea, a famosa antropóloga marxista Lilia Schwarcz publicou um artigo no jornal *Folha de S.Paulo* cujo título foi "Não há motivo para celebrar os 130 anos da Lei Áurea". No artigo em questão, a antropóloga defende que não há motivos para a celebração da maior data da história do país, pois, de acordo com ela,

> os 130 anos da escravidão no Brasil se prestam pouco à celebração e ao orgulho nacional. Não há por que festejar o fato de termos sido a última nação do Ocidente a extinguir esse perverso sistema mercantil, sustentado à custa de milhões de africanos e africanas[1] que foram arrancados de suas nações (Schwarcz, 2018).

---

[1] Chamo atenção para a escrita dos sujeitos da frase "africanos e africanas" que demonstram a inclusão da agenda de gênero na língua portuguesa e a ausência de domínio do idioma, uma vez que a palavra "africanos" contempla homens e mulheres. Além disso, na sequência, Schwarcz utiliza o verbo "arrancados" com a letra "o" no final, ou seja, aplica o verbo conforme a regra gramatical vigente mostrando a ausência de coerência na agenda linguística que aparentemente ela defende.

Schwarcz (2018) menospreza os grandes feitos do movimento abolicionista e o grande marco de liberdade para a população negra brasileira. Mais adiante ela pontua que "[...] a Lei Áurea, de 13 de maio de 1888 (Lei Imperial nº 3.353), veio com apenas dois artigos breves e conseguiu desagradar a todos". Ora, acho pouquíssimo provável, para não dizer impossível, que a lei de maior símbolo de liberdade do nosso país e que é resultado de uma exitosa jornada do maior movimento social das terras de Vera Cruz tenha causado algum tipo de desagrado aos abolicionistas, à princesa Isabel ou aos escravos que receberam liberdade a partir daquela data.

Lilia Schwarcz personifica, por meio do seu artigo jornalístico, os marxistas que inundaram o movimento negro contemporâneo: ignora a realidade dos fatos no que tange à história da população negra brasileira para que tudo caiba dentro de sua *luta de classes*.

A autora se coloca como uma defensora das pautas raciais, mas, no final das contas, ataca diretamente tudo aquilo que, de fato, traz benefícios aos negros. No passado, de maneira anacrônica, ataca a Lei Áurea. No presente, no auge de suas lentes marxistas, ataca a população negra com a defesa de uma sociedade anticapitalista.

O primeiro aspecto que demonstra a seriedade e legitimidade do debate racial brasileiro é o reconhecimento da grandeza e eficácia do movimento abolicionista brasileiro. Para o movimento negro contemporâneo, a maior mobilização popular da história deste país ou é resumida por expressões jocosas como *movimento elitista* ou elenca como alvo figuras da monarquia brasileira, a exemplo da princesa Isabel, que recebe a alcunha de *salvadora branca*.

Nesse afã de reescrever a história do movimento negro para que ela caiba nas narrativas falaciosas e descabidas dos marxistas, toda a mobilização política e cultural dos abolicionistas brasileiros é invisível ou difamada.

O abolicionismo tinha uma dinâmica tão rica e meios estratégicos tão variados e eficazes que é descrito pela socióloga Angela Afonso – que não está em um espectro político à direita, portanto, é uma rara flor de honestidade em meio às mentiras marxistas – nas seguintes palavras (Alonso, 2015, p. 19):

> O movimento elegeu retóricas, estratégias e arenas conforme a conjuntura política e em atrito com iniciativas de governos e escravistas, operando sucessivamente com flores (no espaço público), votos (na esfera político-institucional) e balas (na clandestinidade), num jogo de ação e reação de duas décadas (1868-88).

A riqueza dinâmica abolicionista é costumeiramente ignorada e uma das evidências disto são as salas de aula das escolas do nosso país. Se o seu filho é aluno de uma escola pública ou particular, ou se você mesmo é aluno de alguma faculdade ou universidade brasileira, certamente já ouviu que a monarquia brasileira não tinha sensibilidade quanto à condição servil dos negros no período escravocrata. Junto a essa premissa falaciosa, foi construído no imaginário brasileiro o protagonismo da figura de Zumbi dos Palmares no período que antecedeu à libertação dos escravos no Brasil.

Nessa equação ainda temos a narrativa de que a Inglaterra teria tido influência direta na abolição da escravatura no Brasil por meio de pressões sobre a monarquia brasileira, deslegitimando qualquer movimento monárquico favorável à libertação dos escravos, e a motivação de tal pressão seria comercial: com o fim da escravidão brasileira haveria mercado consumidor para o escoamento de produtos britânicos.

Essa salada de frutas que os esquerdistas fazem com os fatos históricos que circundam a história da população negra brasileira não à toa assume este caráter de "nós contra eles", de "brancos *versus* negros", de "monarquistas *versus* escravos". O objetivo é remontar à luta de classes deslocando o eixo econômico para o eixo identitário: no fim, a população negra serve de massa de manobra para os marxistas.

O QUE OS MARXISTAS ESCONDEM DE VOCÊ

Como dito anteriormente, muitos mitos se levantam em torno do que realmente aconteceu no período abolicionista do nosso país. Há um claro enviesamento à esquerda dos fatos históricos com o objetivo de manipulação da narrativa. Assim, a contemporaneidade do movimento negro consegue justificar as soluções estapafúrdias que propõe, além de justificar a fusão entre marxismo e movimento negro.

Uma das vítimas preferenciais do movimento negro contemporâneo é a monarquia brasileira. Os lusitanos são constantemente chamados de racistas sob a acusação da manutenção da escravatura no nosso país. Se há uma crítica que deve ser feita à família real brasileira, ela deve ser a respeito da celeridade do processo de abolição no nosso país.

De fato, movimentações mais efetivas contra a condição de servidão dos negros demoraram para acontecer, contudo, o motivo do atraso não remete aos listados pela esquerda: comodismo, manutenção dos privilégios brancos, insensibilidade ou qualquer coisa do gênero. A morosidade se deu tendo em vista o cenário racial dos Estados Unidos.

Como é sabido, a história americana de abolição da escravatura levou à chamada Guerra de Secessão ou Guerra Civil Americana (1861-65). Antes deste período balístico americano, os pais fundadores da nação americana escreveram a Declaração de Independência, em 1776.

O documento escrito por Thomas Jefferson (1743-1826) partia da seguinte premissa: "todos os homens são criados iguais, dotados pelo criador de certos direitos inalienáveis, entre eles estão a vida, a liberdade e a procura da felicidade".

Embora a declaração tenha legitimidade e seja considerada um marco na defesa da liberdade do Homem, o mesmo Thomas Jefferson, em 1885, escreveu uma obra cujo título é *Notas Sobre o Estado da Virgínia*, em que descreve em dois capítulos do livro a inferioridade da *raça negra* em relação à *raça branca*[2].

Esse sentimento de uma liberdade que contemplava somente o grupo de homens brancos invade o imaginário e a cultura da população americana, somado à opressão escravocrata que aflige os negros, gerou tensões que, após a Guerra Civil, desembocaram no momento da

---

[2] O termo "raça" não tem sentido no contexto contemporâneo, uma vez que não existe em sentido biológico, contudo, o emprego do termo nesta obra tem o objetivo pedagógico de elucidar o pensamento eugenista da época.

abolição dos escravos americanos que, por sua vez, ocorreu em 1865 com a 13ª Emenda, a Proclamação de Emancipação.

O cenário americano mostrou para a monarquia brasileira que uma grande mudança, ainda que extremamente legítima e necessária, dentro da ordem social de um Estado-Nação, poderia levar ao derramamento de sangue e ao risco de desunião territorial. Explicando o ritmo que a pauta teve em terras tupiniquins, Angela Alonso pontua:

> Um olho mirou o desfecho indesejável, a Guerra Civil Americana. Temia-se reavivar o conflito entre regiões, traumático na Regência, com o desequilíbrio na distribuição geográfica da escravaria: a economia do café, consolidada no Vale do Paraíba carioca e na Zona da Mata mineira e se expandindo no Oeste Paulista, comprava escravos de negócios menos prósperos do Norte. Outro olho enxergou o andamento mais tranquilo da Espanha, que cogitava alforria de filhos de escravas à medida que nascessem e de escravos com mais de sessenta anos (Alonso, 2015, p. 31).

Ainda assim, há registros de movimentos da família real contra a escravidão que assolava nosso país. Dom João VI (1767-1826), em 1810, firma o primeiro acordo com a Inglaterra pela extinção do tráfico negreiro, no qual mesmo com a medida tomada pela Coroa, seguiu na clandestinidade. Outros decretos foram assinados por Dom João VI em 1815, 1817, 1819 e 1820.

Quando Dom Pedro II assumiu o trono em 1840, o Imperador alforriou os escravos que tinham atributos legais para tal ação. Aqueles que estavam impossibilitados juridicamente de serem libertos tiveram ofertas de salários feitas por Dom Pedro II (Biblioteca Nacional, 2010).

Em 4 de setembro de 1850 foi decretada a Lei Eusébio de Queirós – Lei n. 581 – que estabeleceu a proibição do tráfico negreiro no Império brasileiro. A pressão britânica sobre a Coroa brasileira cessa a partir desta lei, portanto, é falsa a afirmação de que a princesa Isabel (1846-1921) assinou a Lei Áurea por conta da repressão sofrida pelo governo inglês, uma vez que as relações com o Império Britânico se deram no sentido de rotas marítimas e tráfico negreiro, não em condição de servidão do negro em território brasileiro. Embora não seja um completo equívoco afirmar que a Inglaterra teve seu papel na extinção da escravidão ao redor do mundo, pois o avanço da Revolução Industrial e da liberdade econômica eram naturalmente antiescravistas, demonstrando, portanto, como uma política de livre-iniciativa pode ser fundamental para a mobilidade social e ascensão dos menos afortunados, algo que a militância esquerdista sempre rechaçou.

Em 5 de junho de 1854, o Imperador Dom Pedro II estabeleceu o Decreto n. 731, que tinha como objetivo intensificar a fiscalização nos portos por meio de auditores da Marinha, além da responsabilidade destes de processar e julgar os réus com base nas formas mencionadas na Lei de 1850, a qual proibia o tráfico negreiro.

Com claras sinalizações dadas à sociedade escravocrata por meio das leis de 1850 e 1854, Dom Pedro II começou a ser questionado sobre como suas ações contra a condição servil do negro poderiam colocar em risco o seu próprio trono. A resposta do Imperador foi a seguinte: "prefiro perder a Coroa a consentir na continuação do tráfico".

Embora Dom Pedro II fosse um abolicionista, havia uma pedra no meio do caminho para extinguir de vez a escravidão no Brasil: a forma como funcionava o sistema político brasileiro. O poder do Imperador tinha limitações quanto ao seu poder de ação efetivo:

> O Poder Moderador indicava chefe partidário para montar gabinete, que chamava eleições para compor a Câmara. Contudo, a capacidade de agenda do imperador tinha dois contrafortes: Senado e Conselho de Estado, vitalícios, por isso mais independentes que os deputados, e ocupados por políticos tarimbados, com força para frear projetos ou decidir seu curso (Alonso, 2015, p. 37).

Dadas as limitações de seu poder, o Imperador se via em um impasse nas soluções para a questão da escravidão dos negros no Brasil, mas, ainda assim, fez outras movimentações rumo à abolição:

> Em 1866 D. Pedro II encarregou o ministro Pimenta Bueno da elaboração de projetos de leis emancipadoras da escravidão. Projetos que, na ocasião, encontraram ferrenha oposição, mas que serviram de base às leis que foram promulgadas anos depois. Em maio de 1867, ante a resistência dos parlamentares, o Imperador, na "fala do Trono", volta ao tema, que já lhe era uma obsessão, dizendo que "o elemento servil no Império não pode deixar de merecer oportunamente a vossa consideração, provendo-se de modo que, respeitada a propriedade atual, e sem abalo profundo em nossa primeira indústria, a agricultura, sejam atendidos os altos interesses que se ligam à emancipação". Semelhante alusão repetiu-se na "fala" de 1868. Tanto bastou para que se levantasse, no Parlamento, grande hostilidade ao gabinete, chefiado por Zacarias de Góes e Vasconcelos. Foi este acusado de se curvar ante as pretensões imperiais quanto à emancipação. Mais uma vez vemos o Imperador pugnando pela abolição, contra a resistência do Parlamento. Na "fala do Trono", de 1871, voltou D. Pedro II a recomendar a "reforma do elemento servil". E deu a Silva Paranhos (Visconde do Rio Branco) instruções que se consubstanciaram na "Lei do Ventre Livre" que, sancionada pela Princesa Regente Isabel, foi publicada em 28 de setembro de 1871. Silva Paranhos bateu-se valorosamente contra acirrada oposição a essa lei, mas a principal glória do feito cabe a D. Pedro II, seu principal idealizador (Alencar, 1994, p. 21-22).

Durante todo o seu reinado, o que se via de Dom Pedro II era um espírito abolicionista, espírito este que contagiou sua filha, a princesa Isabel, que em 1888 assinou a Lei Áurea, o ápice da luta pela liberdade no nosso país.

A pergunta coerente que cabe a esse contexto é: por que não houve uma revolução que rompesse de forma abrupta com o cenário de condição servidão do negro? A resposta é que Dom Pedro II não tinha um temperamento que fosse ao encontro de uma ação mais radical a exemplo de uma revolução.

Além disso, os abolicionistas do debate público da época não tinham a intenção de revolucionar. O grande desafio brasileiro era justamente este: como romper com a ordem social vigente que é, de fato, opressora contra a população negra por meios constitucionais, portanto, legais, sem que a sociedade brasileira padeça?

Uma das figuras que se debruçou sobre essa questão foi Aureliano Cândido Tavares Bastos (1839-1875), membro do Partido Liberal. Bastos atribuía o atraso do desenvolvimento brasileiro à escravidão. Além disso, considerava a condição de servidão do negro uma decadência moral. A sua proposta para solucionar o problema da escravidão no Brasil consistia em

> extirpá-la aos poucos: aplicar a lei de 1831 (que libertaria os africanos chegados desde então), concentrar escravos no campo, taxar sua posse nas cidades, proibi-la a estrangeiros e prover emancipação gradual por meio de um pecúlio para a compra de alforrias, libertações anuais à custa do Estado e data-limite para acabar com a instituição em províncias com poucos cativos. A abolição era parte de agenda modernizadora rematada com pequena propriedade, imigração e expansão da rede viária (Alonso, 2015, p. 32).

Embora com bastante divergência quanto às questões da escravidão brasileira e tendo um grupo apelidado de *Os Emperrados*, o Partido Conservador possuía uma ala considerada "moderna" que apoiava os projetos de São Vicente (1803-1878), os quais tinham como objetivo propor o ventre livre aos escravizados: "São Vicente acompanhava a legislação antiescravista das Américas e da Europa e redigiu cinco projetos de abolição gradual, cujo fulcro era o do programa de 1852 da SCT[3]: o ventre livre" (Alonso, 2015).

Outro conservador se mostrava favorável à libertação dos escravos foi Agostinho Marques Perdigão Malheiro (1788-1860), vinculado à Anti-Slavery International inglesa e escreveu um livro *A escravidão no Brasil: ensaio histórico, jurídico, social*, em que defendia a tese de que a escravidão

---

[3] Sociedade Contra o Tráfico de Africanos e Promotora da Colonização e da Civilização dos Índios (SCT).

era uma construção jurídica e não intrínseca à natureza humana da população negra.

Existem diversos outros exemplos do debate político sobre a emancipação negra que acontecia na época monárquica de nosso país, mas esses dois já nos ajudam a derrubar outra falácia esquerdista: a de que a abolição foi fruto único e exclusivo das revoltas de escravos. Havia o debate dentro da classe política (Partidos Liberal e Conservador), incluindo a monarquia, assim como também havia apelo popular pela libertação da população negra.

Ainda no que tange à monarquia e ao processo abolicionista brasileiro, precisamos mencionar o Quilombo das Camélias ou Quilombo do Leblon. Tendo como chefe idealizador José de Seixas Magalhães [18--], um português que confeccionava malas de viagem – o Quilombo das Camélias foi uma importante e notória organização quilombola que teve participação ativa da princesa Isabel.

O apelido Quilombo das Camélias se deu por causa da chácara de Magalhães que cultivava a flor rara que se tornou o símbolo do movimento abolicionista. Era comum ver os apoiadores da causa da abolição usando a flor na lapela. Tal simbolismo contribuía para a identificação por partes dos ex-escravos e fugitivos de quem ele poderia contar com o apoio.

Hoje alvo de difamação e chacota por parte do movimento negro contemporâneo, princesa Isabel apoiava publicamente o Quilombo das Camélias e promovia festas para levantar fundos que custeavam a vida dos que viviam no Quilombo. Outra ação concreta em prol da emancipação dos escravos protagonizada pela princesa era o acolhimento dos negros no palácio de Petrópolis.

Embora haja grande esforço dos marxistas – tanto nos espaços acadêmicos quanto nos meios de comunicação – em menosprezar o papel da monarquia no processo de emancipação dos negros, em atrelar o movimento abolicionista a uma elite supostamente mesquinha que não teria o interesse genuíno na liberdade dos escravos e de ignorar toda a complexidade da ordem social e política do século XIX, há dados da realidade que comprovam que o movimento abolicionista foi o maior do país. Nunca estivemos tão unidos em uma causa única e nunca tivemos tanto sucesso enquanto movimento social pela liberdade.

NEGROS CANCELADOS PELA MILITÂNCIA NEGRA CONTEMPORÂNEA

ANDRÉ REBOUÇAS: O ENGENHEIRO NEGRO DO BRASIL IMPERIAL

Estudiosos da História do Brasil costumam dizer que temos um fenômeno curioso em nossa pátria no que diz respeito aos grandes heróis: o seu esquecimento. O famoso "brasileiro tem memória curta" é rotineiramente empregado em diversos contextos, inclusive na política, mas o que pode ter aparência de desleixo do brasileiro, em um primeiro momento, na verdade é a forma como nosso povo lida com a complexidade da história da nossa nação.

Há duas ilustres personalidades que são propositalmente esquecidas, contudo, André Rebouças e José do Patrocínio, dois dos maiores filhos prodígios desta nação. O motivo do esquecimento, caro leitor, talvez soe chocante para os desavisados: proselitismo ideológico.

O primeiro sinal do descaso com as duas ilustres figuras é a página do Wikipédia que, embora não seja uma referência para pesquisas bibliográficas sérias, chamou-me bastante atenção o fato de os verbetes sobre André Rebouças e José do Patrocínio serem menores do que as de celebridades da *internet*, por exemplo.

Tanto Rebouças quanto Patrocínio tinham relações estreitas com a monarquia brasileira. Tal proximidade não agrada à militância negra contemporânea, que é marxista, pois refuta duas grandes falácias: a suposta insensibilidade da monarquia com a condição servil do negro no período escravocrata e a suposta luta de classes que havia no período imperial do nosso país.

André Pinto Rebouças nasceu na Vila de Nossa Senhora do Rosário do Porto da Cachoeira, atual município de Cachoeira, na Bahia, em 13 de janeiro de 1838. Seus pais eram Antônio Pereira Rebouças e Carolina Pinto Rebouças.

Rebouças pai era filho de uma mulher alforriada e um alfaiate português, foi advogado, por meio de uma licença, isto é, estudou de maneira autodidata e conseguiu um documento especial que concedia a autorização para advogar, tornando-se rábula, nome pejorativo para quem não possuía diploma em Direito, e político, o que lhe garantiu passabilidade em círculos sociais de pessoas influentes. Tal característica foi herdada pelo filho, que depois se tornou um grande lobista.

Na tentativa de recolonização do Brasil por Portugal, Rebouças pai foi um dos brasileiros que lutou pela independência do nosso país, chegando a ser membro da Junta Provisória do Governo como secretário. Além disso, foi conselheiro do Imperador Dom Pedro II.

Os tempos no país eram outros e, mesmo com bastante influência no campo social e político e notório saber em Direito, Rebouças pai não era rico, não pertencia à elite financeira, o que não lhe impediu de ter uma vida confortável em termos materiais e de fomentar uma vida de estudos intensos para seus filhos.

A ancestralidade direta de André Rebouças, isto é, seu pai, já era um belíssimo exemplo de homem negro que venceu pelo próprio esforço, embora tivesse encontrado adversidades pelo caminho, mas seu filho dobrou a aposta neste sentido e escreveu seu nome no muro dos grandes brasileiros desta nação.

Começando pela sua formação intelectual, a vida de estudos de André Rebouças chama atenção desde a mais tenra idade. Matriculou-se inicialmente no Colégio Valdetaro e, em 1849, na cidade de Petrópolis/RJ, no Colégio Kopre. Aos 10 anos já traduzia poesias do latim. Em 1852, aos 14 anos, ele já havia finalizado os estudos em latim, grego, geografia e inglês. Aos 16 anos entrou no curso de Engenharia Militar, na atual Academia Militar das Agulhas Negras (AMAN), localizada em Resende/RJ, ocupando o quinto lugar entre 144 candidatos. André Rebouças pertenceu à burocracia militar, ocupando o cargo de segundo-tenente, em 1857, e engenheiro militar até 1860.

Rebouças pai havia experienciado o que era o mundo da política e, por isto, não incentivava seus filhos a entrarem nele (e, cá entre nós, eu o entendo perfeitamente, principalmente depois da experiência como vereador em São Paulo). Assim, sempre se esforçou para mantê-los longe dos jogos de governabilidade política e os direcionou para o mundo dos estudos, de acordo com o próprio André Rebouças:

> Devo a meu pai jamais ter sofrido os vexames da disciplina dos chefes de partido, realmente grandes empresários de suborno, peita e concussão, e, algumas vezes, de assalto ao Tesouro Nacional... só entrou ele em política em 1822 para fazer a Independência na Bahia, e depois para salvar o Brasil dos revolucionários de 1830 até 1848; mas sempre livre e independente sem jamais sujeitar-se, no parlamento ou fora dele, a chefe algum. Sendo um dos primeiros advogados do Rio de Janeiro dedicou três filhos à Engenharia, intencionalmente para afastar-nos das tentações políticas (Rebouças, 1895 *apud* Trindade, 2010, p. 41).

Quando André Rebouças se forma engenheiro, pleiteia uma bolsa de estudos para estagiar fora do país. Tal medida era prevista em lei para alunos com currículos acadêmicos de boas notas, caso dos irmãos Rebouças – André e Antônio – contudo, a bolsa é negada para ambos. Mais tarde, em seus diários, André Rebouças revela que não conseguiram a bolsa por preconceito e cor. Neste cenário, Rebouças pai custeia a viagem dos filhos, que vão para a Itália e Inglaterra.

A ida à Europa legou a Rebouças uma nova visão acerca do desenvolvimento do Brasil:

> A experiência adquirida em sua primeira viagem de estudos à Europa, ainda na condição de oficial dispensado, lhe despertaria a atenção para as possibilidades de modernização e aperfeiçoamento material, ao entrar em contato com renomados engenheiros europeus, e visitar diversas obras, portos, ferrovias etc. (Trindade, 2010, p. 42).

Na volta ao Brasil, os irmãos Rebouças recebem propostas de trabalhos. Deste período uma grande obra de engenharia surge: a Estrada de Ferro Paranaguá-Curitiba. A obra foi exemplo de grande avanço tecnológico e ousadia em termos de engenharia para a época. Antônio

Rebouças é o engenheiro que fica à frente do projeto e, respeitando o pedido dele, a obra foi construída sem mão de obra escrava.

Embora André Rebouças tivesse carreira militar durante um período de sua vida, é importante mencionar que, ao analisar o cenário de desenvolvimento do nosso país, além da escravidão, ele enxergava o recrutamento militar compulsório como um aspecto negativo da sociedade brasileira. De acordo com ele:

> [...] E o recrutamento? Perguntei aos que têm viajado pelos sertões do Brasil; os que têm indagado aos filhos do interior do Maranhão, Piauí, Ceará, Rio Grande do Norte, Paraíba, Alagoas, Pernambuco e Bahia – perguntem-lhes o que é o Recrutamento? À só palavra recrutamento os pais abandonam os filhos e filhas; os maridos abandonam as esposas; os filhos abandonam as mães; os lavradores abandonam as colheitas! Todos fogem para as grutas, para as matas mais cerradas, para os picos das montanhas mais inacessíveis! E então começa uma verdadeira caçada, a fuzil e a cães, como então, antes de C. Summer, de H. Becher Stowe e de Abraham Lincoln, se caçavam escravos fugidos nos pântanos de Mississippi! Não são senhores perseguindo escravos. São homens livres perseguindo homens livres! São brasileiros perseguindo brasileiros! São irmãos caçando irmãos! Não é, na realidade, uma fantasia, uma utopia, uma quimera, uma loucura, que um país, onde se dão tais horrores, pretenda ter imigração espontânea? (Rebouças, 2024).

André Rebouças era conhecedor do Brasil em sentido profundo. Viajou pelas províncias e conhecia as debilidades da sociedade brasileira no que tangia à fragilidade do sistema de defesa do país, bem como obras públicas como docas, portos e ferrovias. É interessante perceber notas de seu liberalismo nas críticas feitas em relação à burocracia da máquina pública, a qual implicava percalços no dia a dia da população.

Em 1864, alistou-se para a Guerra do Paraguai (1864-1870) a fim de servir como engenheiro. Em sua função projetou um torpedo que até hoje não há confirmações quanto ao seu uso. Também é um tremendo crítico quanto ao ordenamento do Exército durante a guerra e demonstra em seu diário o descontentamento com a campanha desastrosa do Brasil na guerra.

Rebouças faz críticas quanto à debilidade de estratégias das Forças Armadas e a morosidade das decisões tomadas. Outra crítica feita por ele dizia respeito às condições de higiene dos acampamentos, que eram precárias e negligenciadas:

> O general (Osório) queixou-se muito do mau estado de saúde do Exército. A bexiga, o tifo e o sarampo são as moléstias dominantes. O Batalhão dos Voluntários Policiais da Bahia é de todos o que menos têm sofrido, só havia perdido quatro peças até esta data. As moléstias parecem ter principalmente por causa a mudança de clima, a epidemia de bexiga transportada do Norte, principalmente Maranhão, pelos voluntários, e a falta de medidas higiênicas no Acampamento. O Hospital de São Francisco por que passamos era uma simples palhoça situada num terreno que havia sido alagado numas grandes chuvas que caíram pouco depois da chegada das tropas no entanto cercado de colinas! O acampamento tinha um péssimo cheiro, devido principalmente a se carnear em todas as barracas desde a guarda do Porto até atrás da barraca do próprio general, deixando-se pelo chão as peles e os ossos. Acrescentando-se tudo isso a ignorância e a revoltante indiferença da maior parte dos médicos do Exército (Diário, 1-6-1865 *apud* Trindade, 2010, p. 92).

André Rebouças retorna da guerra em 1868 insatisfeito com a burocracia estatal (que, como podem perceber, já nos infernizava desde o princípio), com o recrutamento militar e, tendo outras excelentes notórias habilidades decorrentes de sua boa formação e exemplar dedicação, decide se inscrever para ser professor da Escola Central.

Enquanto pleiteavam tal vaga, o engenheiro recebeu a notícia de que seu nome estava sendo cogitado pelo então Ministro da Fazenda, Zacarias de Góis e Vasconcelos (1815-1877), para substituir o engenheiro inglês Charles Neate (1821-1911) na obra das Docas da Alfândega no Rio de Janeiro. Ao saber de tal notícia, Rebouças escreveu em seu diário a respeito da complexidade e dificuldade em relação à empreitada:

> O problema que se tinha a resolver na Alfândega era o mais difícil que se podia propor a um engenheiro; que se tinha ali perfurado o solo até 870 pés de profundidade sem encontrar terreno sólido, que não podia portanto assegurar que sairia vitorioso desta prova e tão somente que faria os maiores esforços para isso (Diário, 5-10-1866 apud Trindade, 2010, p. 129).

Por questões referentes ao tipo de solo, de fato, a reflexão de André Rebouças quanto à dificuldade em se executar a obra estava respaldada na realidade. Em seu diário ele registrou: "ajude-me Deus a bem corresponder à extraordinária prova de confiança, que me acaba de dar o ministro da Fazenda" (Diário, 9-10-1866 apud Trindade, 2010, p. 131).

Há três anos os engenheiros encontravam percalços para tirar o projeto do papel e colocá-lo em prática. Tal feito foi realizado por André Rebouças. As docas de Dom Pedro II mudaram significativamente a economia e a administração dos portos brasileiros. O porto tinha função vital para o funcionamento econômico, pois representava mais da metade do valor total da importação e exportação.

O mesmo Zacarias de Góis e Vasconcelos que nomeou Rebouças para ser engenheiro de uma grande obra passa a persegui-lo, e o demite por questões de desavenças políticas. André Rebouças era bastante impetuoso no que dizia respeito à defesa de suas convicções e se incomodava profundamente com o desprezo que alguns burocratas nutriam pelos problemas da sociedade brasileira. De acordo com estudiosos, Rebouças passa por um "calvário": "[...] os primeiros meses de 1871 não foram fáceis a André, que passou por um verdadeiro 'calvário', exposto às críticas na imprensa por conta das desavenças empresariais, mudanças de gabinete e toda sorte de dificuldades" (Trindade, 2010, p. 154).

Mesmo com notáveis feitos em termos de engenharia e sendo um intelectual notável, a perseguição a André Rebouças se intensifica. Barão de Mauá (1813-1889) e Dom Pedro II são duas das poucas figuras políticas e públicas que apoiam Rebouças tanto em termos de ações práticas quanto em suporte moral para que ele empreendesse seus projetos Brasil afora.

Tal cenário de perseguições torna-se cansativo para André Rebouças, que batalhava por suas ideias de liberdade e enfrentava tantos burocratas interessados em retrocessos para o Império brasileiro. Diante disto, ele resolve ir para a Europa, em 1872, e depois para os Estados Unidos, em 1873.

Nos Estados Unidos, Rebouças experimenta o racismo como jamais havia visto no Brasil:

> em 29 de maio, Rebouças partia a bordo do Oceanic, da empresa White Star Line, chegando em Nova York no dia 9 de junho, onde teve a grata surpresa de constatar que era em função da "dificuldade da cor a causa das recusas" que os hotéis lhe dirigiam, recorrendo então ao serviço diplomático brasileiro, cujos cônsules Luís Henrique Ferreira e Carvalho Borges lhe arrumaram um quarto no Washington Hotel, "com a condição de comer no quarto nunca no restaurante" (Diário, 9-6-1873 *apud* Trindade, 2010, p. 163).

É importante pontuar que o racismo já existia em nosso país e que o próprio Rebouças relata em seus diários que perdeu oportunidades ou foi perseguido porque membros burocratas não toleravam um homem negro ocupando cargos e empreendendo, tanto no campo público quanto no privado, da maneira como André Rebouças atuava. Contudo, nos Estados Unidos, Rebouças foi privado de se alimentar e de se hospedar em decorrência de sua cor de pele.

Embora as dificuldades enfrentadas por Rebouças em decorrência do racismo americano fossem empecilhos práticos, a viagem aos Estados Unidos rendeu a Rebouças novas ideias a respeito da administração e modernização da sociedade brasileira.

Bom, primeiro é importante colocar de que campo da filosofia política vinham tais ideias: o liberalismo. André Rebouças acreditava na liberdade plena do indivíduo e isso se aplicava às iniciativas do livre mercado, aliás, são justamente por causa destas ideias que ele é ostracizado pela militância negra contemporânea.

Em 1876, por exemplo, Rebouças registrou em seu diário sua insatisfação quanto ao mercado dos Estados Unidos, que estava se furtando da liberdade de comércio:

> Os Estados Unidos possuem todas as liberdades menos a liberdade de comércio. Como previra um jornal financeiro de Londres, a Exposição Internacional de Filadélfia prestou o grande serviço de patentear o quanto são anacrônicas, intolerantes, restritivistas e absurdas as leis aduaneiras dessa república (Rebouças, 1876 – K *apud* Trindade, 2010, p. 169).

Em pesquisas no Google Acadêmico é possível encontrar artigos ou *papers* que tentam reescrever a história de Rebouças à luz de ideias socialistas para fazer com que a realidade caiba de maneira forçada dentro das narrativas marxistas de detentores do capital contra os proletários. Contudo, esqueceram de combinar esta parte da História com André Rebouças. Em um de seus artigos para o jornal *Novo Mundo*, dos Estados Unidos, em 1877, ele diz o seguinte:

> A iniciativa individual [...] é a faculdade ou a capacidade, própria de cada pessoa, para encetar ideias ou ações novas. A iniciativa individual pressupõe vários elementos intelectuais e morais; enumeremos dentre eles os mais notáveis: consciência de si, a fé nos recursos intelectuais dados pelo Criador e aperfeiçoados por esforço próprio; a independência de caráter; a inata aversão a qualquer tutela; a sublime aspiração de ser o que os *yankees* denominam a *self-made man*, um homem feito por si mesmo, sem padrinho nem protetores; o espírito ou talento inventivo; o saber tirar recursos ainda dos casos extremos; – o tato da ocasião [...]; força de vontade; o *self-help*; o saber lutar, jamais desesperar; a coragem contra o ridículo – arma predileta da rotina contra a iniciativa individual, principalmente nos países latinos e neolatinos; enfim, principalmente e acima de tudo, a fé em Deus e na imortalidade da alma. É indispensável que, nos dias de agonia extrema, quando o próprio céu oculta seu azul e elimina suas estrelas, se possa dizer: 'Acima dessa abóbada de chumbo está o Deus de Colombo, de Franklin e de [Robert] Fulton' (Cruz, 2021).

O fato de Rebouças estar atento às ideias de mercado naquele período demonstra, mais uma vez, a perspicácia de sua intelectualidade, não o contrário. Contudo, por se tratar de um braço marxista, a militância negra contemporânea é tirânica e trata nossos heróis negros com desprezo por eles não se encaixarem na luta de classes racial que os marxistas identitários tanto querem emplacar.

Outro aspecto que não pode fugir da nossa análise sobre André Rebouças e o "esquecimento" da militância negra contemporânea a respeito desta ilustre figura é o fato de ele constantemente mencionar Deus em seus Diários e artigos de jornal.

Sabemos que há incompatibilidade entre o marxismo e o cristianismo, uma vez que é impossível acender uma vela para Deus e outra para o diabo, logo, a crença em Deus que André Rebouças nutria certamente incomoda bastante os "antirracistas" de hoje. Ao falar da abolição, por exemplo, André Rebouças registra em seu diário, em 1868 (2024):

> Li os evangelhos de S. João e S. Lucas; escrevi à noite algumas ideias que me ocorreram para a solução do instante problema da emancipação dos escravos. Assim Deus me conceda resolver o mais importante problema de minha pátria.

O fato de figuras contemporâneas, que se dizem falar em nome dos negros e ser representantes dos problemas que atingem a população negra, não mencionarem André Rebouças vai muito além de uma discordância acadêmica de perspectivas sociológicas acerca de mazelas sociais. É a demonstração de que não há honestidade no debate intelectual por parte da esquerda, afinal, ela ignora a realidade dos fatos e grandes feitos de figuras ilustres em detrimento da manutenção da própria narrativa.

André Rebouças voltou dos Estados Unidas com ideias ambiciosas para a sociedade brasileira. Seu projeto era a junção de política formal, iniciativa privada e liberdade. De acordo com Trindade (2010, p. 172), seus olhos miravam a modernidade e a abolição:

De forma sintética, seu projeto modernizador articulava a questão agrária, a imigração/colonização e a militância abolicionista, propondo a criação de engenhos e fazendas centrais como promotores da substituição do trabalho escravo pelo trabalho livre, *et pour cause*, aceleradores do processo de divisão e parcelamento das grandes propriedades e os libertos, colonos nacionais e imigrantes estrangeiros. No caso dos entre últimos, suas condições de fixação no Brasil dependeriam sobretudo da existência de um mercado de terras acessível aos pequenos proprietários, praticantes de uma lavoura diversificada à base de técnicas aprimoradas de plantio, colheita e processamento. O escoamento da produção agrícola dos pequenos proprietários seria facilitada pelos melhoramentos das vias de comunicação, particularmente em portos marítimos modernizados. Por fim, Rebouças propunha a criação de instrumentos jurídicos e de política econômica que permitissem o financiamento desse tipo de modernização, tais como certos mecanismos de crédito, uma legislação sobre empresas concessionárias de serviços públicos, outra de garantia de juros, disposições sobre tarifas alfandegárias de caráter fiscal, auxílios à agricultura, e, sobretudo, um imposto territorial, recaindo não sobre a produção agrícola, mas sobre a área ocupada, com o fito deliberado de subdividi-la e assim incentivar seus proprietários a adotar os princípios da centralização agrícola (os engenhos e fazendas centrais).

"Democracia Rural" era o nome do projeto no qual Rebouças se debruçou para colocar em prática, e o primeiro passo para o seu funcionamento era a abolição da escravatura. Para ele, a Democracia Rural seria o novo alicerce social, a nova forma de se viver socialmente. Para tanto, de acordo com Rebouças, era preciso abolir a miséria que, para ele:

> abolir a miséria é abolir a escravidão, o feudalismo, a servidão da gleba, o monopólio territorial, o salário forçado, o protecionismo, o absenteísmo, os privilégios, os monopólios e as isenções teocráticas e aristocráticas; o parasitismo, enfim, em todas as suas ominosas manifestações na paz e na guerra (Rebouças, 1888 – B *apud* Trindade, 2010, p. 209).

Junto com novas ideias e sua sede pela liberdade, a volta ao Brasil lhe trouxe um grande amigo e companheiro de trincheira pela abolição da escravatura: Joaquim Nabuco (1849-1910). Como já vimos anteriormente, o debate acerca da abolição não era recente em nosso país: víamos jornais, políticos e intelectuais debatendo a escravidão e como deveríamos extirpá-la de nossa sociedade. Contudo, em 1879, há uma intensificação na onda de debates em torno da condição servil do negro no Brasil.

Rebouças foi um dos nomes que se revigoraram no debate pela liberdade negra e, inundado pelo sentimento pró-liberdade, funda algumas agremiações abolicionistas: Sociedade Abolicionista da Escola Politécnica, em 1879, e Sociedade Brasileira Contra a Escravidão, em 1880, esta com Joaquim Nabuco.

A atuação de Rebouças na abolição se deu principalmente com a sua habilidade de lobista, fruto da atividade empresarial e dos contatos que fez ao longo de sua carreira, e no campo cultural ao promover os saraus de alforria, que uniam alta cultura e entrega de cartas de alforria para os negros escravizados.

Junto com José do Patrocínio e Joaquim Nabuco, André Rebouças protagonizou o maior e mais exitoso movimento social – e negro – pela liberdade em nosso país, contudo, a reação dos que eram contrários à abolição juntamente com outras mazelas que atingiam a monarquia – militares insatisfeitos com a monarquia, querela desta com a Igreja Católica e precária industrialização do nosso país; quanto a esta última, Rebouças passou a vida lutando para melhorá-la –, contribuiu para o golpe republicano que sofremos pelos militares em 1889.

André Rebouças decide se exilar junto com a família imperial e embarca rumo a Lisboa, onde ficou por dois anos como correspondente do *The Times* de Londres. Quando Dom Pedro II morreu, em 1891, Rebouças passou a viver em Cannes, na França. Em 1892 resolve ir para Luanda (Angola), em 1893 para Funchal, na Ilha da Madeira, território português, e lá foi o seu último local de residência.

André Rebouças foi encontrado morto em um penhasco, em 1893. Não se sabe ao certo a causa da sua morte, embora fosse de conhecimento geral que ele estava com saúde debilitada e bastante triste em decorrência do que ocorreu no Brasil após a abolição. Alguns especulam suicídio pelo tom melancólico de suas últimas cartas, outros acreditam que ele não seria capaz de tirar a própria vida, e cogitam que ele teria se desequilibrado e caído penhasco abaixo. A certeza que todos têm em comum é da sua grandeza para o Brasil e para a população negra.

JOSÉ DO PATROCÍNIO: O ELOQUENTE ORADOR NEGRO DO IMPÉRIO

José Carlos do Patrocínio nasceu em 9 de outubro de 1853 em Campos dos Goytacazes, no Rio de Janeiro. Diferentemente de André Rebouças, que veio de uma família mais intelectualizada e que buscava com afinco a formação acadêmica, José do Patrocínio, neste sentido, tem origem mais humilde, contudo, mesmo partindo de bases diferentes em relação a Rebouças, Patrocínio garantiu seu lugar como ilustre brasileiro na história do nosso país.

Campo Goytacazes, norte da província fluminense, tinha cultura tradicional baseada na escravidão e, de certa forma, um tanto reacionária. Patrocínio, portanto, nasceu em uma região bem engessada no pensamento da ordem social escravocrata que era vigente no Brasil. Seu pai era João Carlos Monteiro, cônego da Catedral Imperial, um padre, portanto. Sua mãe, Justina do Espírito Santo, era uma escrava vinda de Minas.

Há debates entre os historiadores sobre a origem étnica acerca do pai de José do Patrocínio. A maioria conclui que ele era mulato, assim, a origem de Patrocínio, pelo menos a direta, seria o que chamamos de negra hoje em dia, uma vez que, atualmente, tal grupo engloba pardos, mestiços, mulatos e pretos.

Esse aspecto é interessante porque demonstra aquilo que sempre mencionamos em debates raciais: o Brasil é um país miscigenado desde sua origem, por isto é vital que se leve em consideração tal circunstância para determinar a seriedade dos debates sobre relações raciais em nosso país.

Fruto de concubinato, José do Patrocínio vive uma dualidade desde a infância. O pai não o registra como filho, afinal, era padre; contudo, Patrocínio também não é criado como um escravo. Vivia, portanto, a realidade de uma família sem moldes tradicionais no sentido estrutural: o pai, senhor de escravos e padre, e a mãe, escravizada:

> O vigário tinha filho, a quem dera sobrenome e diploma por Coimbra. A Zeca (José do Patrocínio) deu muito menos; integrou-o, contudo, à vida familiar, entre o engenho da Fazenda da Lagoa de Cima e a casa na praça da Matriz de Campos, no interior da província do Rio de Janeiro. Infância de algum estudo, um pouco de política – o vigário foi deputado provincial e escrevia na imprensa – e muita traquinagem (Alonso, 2015, p. 113-114).

Ainda que criado como um "semibastardo", José do Patrocínio não conseguiu negar as origens que tinha: herdou do pai o temperamento forte, era um rapaz impaciente:

> Por então afloraram no menino impaciências rebentadas no adulto: pavio curtíssimo, "sinceridade selvagem". A cavalo, certo dia, Patrocínio irritou-se com a lerdeza de um velho escravo em abrir a porteira e, enfurecido, golpeou-lhe a cabeça com o cabo de prata do chicote, abrindo um corte (Alonso, 2015, p. 114).

Ao presenciar tal situação, o pai do menino Patrocínio pediu piedade. Anos depois, José do Patrocínio contou que a atitude paterna "transformara repentinamente" seu gênio forte. Curiosamente, anos depois, aquele que agrediu fisicamente um homem negro escravizado se tornara um dos maiores abolicionistas do Brasil.

Aos 14 anos, José do Patrocínio pede autorização ao pai para se mudar para o Rio de Janeiro, sozinho, para viver, então, em uma cidade maior. O pai concede autorização e Patrocínio se muda para o Rio de Janeiro. Passou a trabalhar como aprendiz de pedreiro na Santa Casa de Misericórdia da cidade.

É neste ambiente hospitalar que Patrocínio conviveu com médicos, enfermeiros e farmacêuticos. Tal cotidiano desperta no jovem rapaz o gosto pela Medicina e escolhe cursar Farmácia na Faculdade de Medicina. Possivelmente, a profissão escolhida também tinha relação com o custo alto que teria para se formar médico, o qual não seria possível ser pago em decorrência de sua condição social.

Outra hipótese bastante plausível é ter sido barrado de ser médico em decorrência de sua cor de pele, ou seja, racismo. De acordo com alguns historiadores, José do Patrocínio teria sido reprovado por um professor por "razões veladas": "Sem mencionar a cor do aluno, sua posição social ou a falta dela, o docente, um frei, disse apenas que não gostava dele" (Alonso, 2015, p. 116).

Concluiu sua formação em 1874 e, como todo bom recém-formado, ficou sem residência para morar, já que estava deixando a república de estudantes. Além disso, não possuía recursos suficientes para bancar os custos da nova moradia. Neste cenário, um amigo de Patrocínio, João Rodrigues Pacheco Vilanova, ofereceu a casa da mãe como residência, no tradicional bairro carioca de São Cristóvão.

Sem muitas opções, Patrocínio aceitou, porém condicionou a estada ao fato de que ele teria que lecionar para os filhos do capitão Emiliano Rosa Sena, o segundo marido da mãe do seu amigo. Essa estada na casa do capitão rendeu a Patrocínio contato com as ideias republicanas, uma vez que o Clube Republicano funcionava nesta casa.

Além disso, rendeu amor ao nosso abolicionista, uma vez que ele se apaixonou por Maria Henriqueta, filha do capitão Sena. A princípio, o relacionamento foi motivo de ira para o capitão, que se sentiu traído por Patrocínio. Contudo, depois do matrimônio, o capitão Sena e José do Patrocínio cultivaram um bom relacionamento em família.

Além de farmacêutico, Patrocínio também assumiu as profissões de jornalista e escritor. Como jornalista escreveu artigos sob o apelido de Zé do Pato – o qual que se tornou bastante famoso – para o pequeno jornal *O Mequetrefe*. Em 1875 surge a oportunidade de trabalhar no jornal *Gazeta de Notícias*, onde logo fez amizade com o diretor, José Ferreira de Souza Araújo (1848-1900), que também era ex-aluno da Faculdade de Medicina, boêmio e mulato.

José do Patrocínio adota uma postura política mais anárquica e, em 1877, ao assumir a Semana Política no jornal *Gazeta de Notícias*, passa a assinar seus artigos como Prudhomme, em referência ao filósofo francês anarquista Pierre-Joseph Proudhon (1809-1865).

Como repórter, Patrocínio também teve a oportunidade de conhecer o Brasil de maneira mais profunda. Ao viajar para Pernambuco e Paraíba, conheceu a realidade da fome e seca que assolavam a região. Vivenciar tal realidade alimentou nele ainda mais o gênio impetuoso e o sentimento de revolta com as injustiças que recaíam sobre os mais vulneráveis.

Quando se casou com Maria Henriqueta, Bibi, em 1881, comprou o jornal em que trabalhava, *Gazeta da Tarde*, por intermédio do seu sogro, que possuía grande patrimônio de imóveis e o ajudou a ser proprietário do veículo de comunicação.

À frente do jornal, Patrocínio alavancou a tiragem do periódico. Além disso, após o casamento, ele canalizou a energia contra as mazelas sociais de maneira mais ordenada. Outro aspecto que contribuiu para o amadurecimento político de Patrocínio foi a parceria com André Rebouças:

> Conheceram-se na rua do Ouvidor, numa redação de jornal, ou no teatro, é incerto – o fato é que fizeram dupla. Não podiam ser mais destoantes. Difícil imaginar André Rebouças, imerso nos requintes e favores das rodas aristocráticas, de braços com o rei da boêmia, José do Patrocínio, Zé do Pato, espalhafatoso, André, cerimonioso. Patrocínio, o perdulário; Rebouças, o morigerado, um de discursos; o outro, de obras. Complementares, viraram até compadres: Rebouças, sem prole, apadrinhou José do Patrocínio Filho. Amizade duradoura, e é difícil imaginar o abolicionismo sem ela. Na aproximação, Patrocínio moveu-se pouco, homem de imprensa, cercado de artistas, do começo ao fim da campanha. Rebouças é que fez as voltas do parafuso (Alonso, 2015, p. 122).

José do Patrocínio era de fácil relacionamento social. A personalidade boêmia garantia amizades, a oratória eloquente garantia persuasão sobre os jovens que eram contratados para trabalhar em seu jornal e entravam na empreitada rumo à abolição da escravatura.

Os relatos a respeito de suas atuações nos saraus promovidos pelo trio de abolicionistas, Patrocínio, Rebouças e Souza, dão conta de uma presença de palco contagiante de Zé do Pato: "Quando subia à tribuna, o público respondia com bravos, palmas, flores, que tomavam as proporções de ovação. Dizia-se que era impossível ouvi-lo sem verter lágrimas" (Alonso, 2015, p. 136).

José do Patrocínio não era próximo da família imperial como Rebouças. Contudo, na terceira regência comandada por Dona Isabel, Patrocínio percebe a proximidade da Coroa brasileira com a agenda abolicionista; como mencionado anteriormente neste capítulo, a família real se sensibilizava com a condição servil do negro brasileiro. Ao perceber este movimento, José do Patrocínio deixa de lado a militância republicanista e passa a ter mais afeto pela monarquia.

Nesse cenário, José do Patrocínio se autointitula "isabelista" e a militar pelo isabelismo, que era o termo aplicado para designar os que apoiavam que se cumprissem o previsto na Constituição: o Terceiro Reinado comando por Dona Isabel. Aqui, o nosso Zé do Pato passa por algo que é muito comum ao negro que não é progressista: ele é chamado de "negro vendido".

Esse xingamento racista direcionado ao abolicionista demonstra que não é de hoje que querem colocar o negro na senzala ideológica. Ao menor sinal da "ousadia" negra em discordar de ideias dominantes, a exemplo do que acontecia contra a família imperial na época, o negro imediatamente é insultado por ser negro, ou seja, rapidamente empunham seu racismo e o atiram em direção ao "negro ousado".

Patrocínio é um dos envolvidos na Guarda Negra da Redentora: era uma corporação que tinha como objetivo proteger Dona Isabel e as ideias do Terceiro Reinado, além disso, como a Guarda foi formada logo após a abolição, tinha também como objetivo proteger a liberdade recém-adquirida pela população negra brasileira.

Os inquisidores de José do Patrocínio o acusam de ser uma espécie de metamorfose, uma espécie de oportunista, isto porque Zé do Pato mudou de posicionamento político ao longo de sua militância pela abolição: começando em um tom mais anarquista, passando por um republicanismo e, por fim, sendo isabelista e defendendo o Terceiro Reinado.

José do Patrocínio, ao se dar conta do golpe republicano e do exílio da família imperial, dirige-se à Câmara Municipal do Rio de Janeiro e declara civilmente a República. Adotando esta postura, imediatamente foi considerado traidor, agora pelos monarquistas, uma vez que, pouco antes, Patrocínio estava defendendo o isabelismo.

No periódico *A Cidade do Rio*, que pertencia a Patrocínio, torna-se o lugar onde os militares insatisfeitos com o golpe republicano expressam seu descontentamento e exigiam a renúncia do Marechal Floriano Peixoto (1839-1895). Em decorrência disto, além do desprezo por tais reivindicações, José do Patrocínio se torna preso político da ditadura de Peixoto, sendo enviado para Cucuí, município localizado na fronteira entre Brasil e Venezuela.

Quando ele voltou ao Rio de Janeiro, seus negócios na área da Comunicação passaram por escassez, e José do Patrocínio começou o declínio financeiro. Os tempos eram outros: os abolicionistas passaram a ser massacrados pelos republicanos, e não havia espaço para ideias sobre liberdade.

Tal qual André Rebouças, José do Patrocínio também se entristece bastante com o fim do projeto abolicionista, na verdade, com o fim da possibilidade de colocar em prática o restante do projeto para um novo Brasil. Já morando no subúrbio do Rio de Janeiro, começa a dar os primeiros sinais de debilidade de sua saúde. Ainda assim, fica aficionado na ideia de construir um dirigível cujo nome era Santa Cruz.

Essa obsessão era lida por alguns como um delírio de Patrocínio que teria origem na frustração de seu projeto de liberdade ter sido impedido de prosseguir, por outros, como a materialização da militância pela liberdade que ele sempre protagonizou.

O grande orador negro do Império Brasileiro não poderia ter outra morte senão no palco, durante um discurso. Ao fazer uma homenagem a Santos Dumont (1873-1932), José do Patrocínio tem hemoptise e morre aos 51 anos. O enterro foi um grande evento e arrastou negros e membros da Igreja que reconheciam nele uma ilustre figura abolicionista, uma ilustre figura de liberdade.

LUIZ GAMA: O ADVOGADO NEGRO REPUBLICANO

Nascido em Salvador no dia 21 de junho de 1830, Luiz Gonzaga Pinto Gama é, sem dúvidas, uma das maiores figuras do nosso país, com infância marcada por severas situações de adversidades. Infelizmente também está no time dos "esquecidos" pelo movimento negro contemporâneo.

Embora fosse filho de mãe negra livre – que participava ativamente de revoltas contra a escravidão, chegando a ter que fugir para o Rio de Janeiro e deixar o próprio filho para trás – e de pai branco, já em tenra idade, aos 10 anos, Gama sentiu na pele o que é a opressão da sociedade escravocrata ao ser vendido como escravo. A negociação foi feita pelo próprio pai, que precisava pagar dívidas de jogos de azar.

Os escravos baianos tinham a fama de serem mais rebeldes e, por isso, eram difíceis de serem aceitos pelos senhores. Em virtude deste fato, Gama passou pela cidade do Rio de Janeiro, depois por uma cidade do interior paulista, e, por fim, chegou à capital São Paulo.

Justamente por causa da dificuldade em vendê-lo por ser baiano, Gama passou a trabalhar para o alferes Antônio Pereira Cardoso – que havia lhe comprado na Bahia. Inicialmente, as funções de Gama eram domésticas – lavar e passar roupas – depois passou a ser o que era chamado de *escravo de ganho*, quando o escravo exercia alguma função trabalhista sob ordem do senhor, como sapateiro e costureiro.

Até os 17 anos, Gama era analfabeto, mas sua sorte mudou quando um estudante de Direito, Antônio Rodrigues do Prado Júnior – que frequentava a casa de seu senhor – o ensinou a ler e escrever. Foi em decorrência de sua alfabetização que conseguiu a primeira liberdade de um escravo: a própria.

Luiz Gama comprovou que havia sido vítima do crime de "reduzir à escravidão a pessoa livre, que se achar em posse da sua liberdade" que era previsto no art. 179 do Código Criminal do Império do Brasil, promulgado pouco após seu nascimento. Outro aspecto que configurou crime contra ele foi o fato de ser baiano; na época havia muitas revoltas no estado e, por isso, a comercialização de escravos baianos com outras províncias era dificultada.

Já livre, Gama serviu na Força Pública – uma espécie de força policial da época –, ficando no batalhão por seis anos, quando, em 1854, foi acusado de insubordinação por ter insultado um oficial que o havia ofendido. Logo após esse período, em 1856, Gama passou a ser escrivão de polícia na Secretaria de Polícia de São Paulo. O gabinete que trabalhava era chefiado por Francisco Maria de Souza Furtado de Mendonça (1812-1890), que era professor de Direito.

À disposição havia a biblioteca de Mendonça, e Luiz Gama aproveitou a oportunidade. Estudou Direito e, a partir disso, decidiu que entraria para a célebre Faculdade de Direito do Largo de São Francisco, em São Paulo, mas o racismo bateu à porta e os alunos do Largo rechaçaram a possibilidade de um homem negro e ex-escravo ocupar os bancos universitários da faculdade. Ainda assim, Luiz Gama frequentava as aulas como *aluno ouvinte*.

Luiz Gama tornou-se autodidata em saber jurídico e passou a rábula, tal qual André Rebouças pai – e seu trabalho era voltado à libertação de escravos. O trabalho era hercúleo, o período era de plena escravidão – embora já com discussões a respeito do abolicionismo –, e os negros não possuíam respaldo jurídico por não serem considerados cidadãos. Apesar disto, a atuação de Gama era brilhante em conquistar liberdade para eles.

A exímia trajetória de vitórias nos tribunais em prol dos negros o levou à demissão do seu cargo de escrivão. As elites da época se sentiram extremamente incomodadas com as inúmeras libertações de escravos promovidas pelo Doutor Gama. Ao mencionar a própria demissão e explicar o porquê, Gama disse que foi uma "demissão por fazer o bem público".

O trabalho de Luiz Gama no Direito em defesa dos escravos foi tão impactante que ficou conhecido como *Estilo Gama*, que consistia em utilizar a Lei Feijó. Tal lei foi promulgada em 7 de novembro de 1831 e determinou que "art. 1º Todos os escravos, que entrarem no território ou portos do Brazil, vindos de fóra, ficam livres" (BRASIL, 1831). Por meio desta lei, Gama provava que o escravo havia entrado no país após a sua promulgação. Como a documentação do escravo geralmente estava incorreta, Gama conseguia vitória nos tribunais.

Em 1871 foi promulgada a Lei do Ventre Livre, a qual estipulava que, de 28 de setembro de 1871 em diante, as mulheres escravizadas dariam à luz apenas a bebês livres. A partir daí o estilo Gama ganhou mais um alicerce para conquistar vitórias e liberdade para os negros.

Um dos artigos da Lei do Ventre Livre determinava que o senhor deveria possuir um número de matrícula, algo que raramente existia, e, nestes casos, o negro poderia utilizar a ausência de matrícula como argumento para alforria. Outra técnica utilizada era a seguinte: a mesma lei, em seu art. 4º, decretou que a compra da carta de alforria do escravo pelo próprio ou por outros estava autorizada.

Valendo-se disso, os abolicionistas fingiam que eram avaliadores de escravos e abaixavam os seus valores. Assim, os próprios abolicionistas, incluindo Gama, compravam a liberdade dos escravos por um preço menor e possibilitavam que a condição de servidão fosse encerrada.

Luiz Gama era uma figura notoriamente conhecida em seu tempo. Além da reverberação de seu desempenho nos tribunais, o que o levava a ser reconhecido como o "advogado dos escravos", Gama possuía atuação na imprensa brasileira. Seus periódicos dedicavam páginas às denúncias de juízes que não cumpriam as leis emancipadoras dos escravos:

> Impuz-me espontaneamente a tarefa sobre modo árdua de sustentar em juízo os direitos dos desvalidos, e de, quando sejam elles prejudicados por má intelligencia das leis ou por desacisado capricho das autoridades, recorrer à imprensa e expor, com toda a fidelidade, as questões [...] (Biblioteca Nacional Digital, 1869).

Era comum juízes desrespeitarem as leis favoráveis aos escravos e beneficiarem a elite. Neste cenário, mais uma vez vemos a importância das instâncias culturais para que determinados valores – como o da liberdade – sejam executados e respeitados pela máquina estatal burocrática.

Junto com Angelo Agostini (1843-1910) – que era desenhista –, Luiz Gama fundou o jornal satírico *Diabo Coxo*, um dos primeiros periódicos a usar caricaturas como forma de tecer críticas ao sistema político e escravista da época. O *Diabo Coxo* contava com artigos de outros abolicionistas, como Sizenando Barreto Nabuco de Araújo (1842-1892), irmão de Joaquim Nabuco e, embora de vida curta, circulando somente entre os anos de 1864 e 1865, o periódico foi bastante importante para a época.

Além do *Diabo Coxo*, Luiz Gama também escreveu nos jornais *A Província de São Paulo*, *A Gazeta da Corte*, *Correio Paulistano* – o primeiro periódico diário da cidade de São Paulo e de vertente política republicana – e o *Radical Paulistano*. Este último pertencia ao Partido Liberal e tinha viés abolicionista e republicano.

Diferentemente do abolicionista André Rebouças, Luiz Gama nunca foi monarquista; pelo contrário, tecia duras críticas ao sistema monárquico. Uma dessas ocasiões foi com o artigo intitulado "O Brasil americano e as terras do Cruzeiro sem rei e sem escravos". Inicialmente, Gama era filiado ao Partido Liberal – é interessante percebermos a importância do Partido Liberal no período abolicionista do nosso país. Depois de romper com os liberais por questões ideológicas – Gama era a favor de que os escravos fossem todos libertados na mesma lei, não gradualmente, além de não compactuar com indenização aos senhores de escravos – ele tentou fundar um partido republicano, chegando a participar do Primeiro Congresso Republicano, em 2 de julho de 1873.

O trabalho de Luiz Gama foi de uma incrível genialidade em todas as áreas: Direito, poética e jornalística. De importância crucial para o movimento abolicionista no Brasil, Gama deveria ser muito mais exaltado nos nossos meios culturais e educacionais por ser um exemplo de que, apesar das imensas dificuldades sofridas, buscou prosperar e não deixar que as limitações o definissem.

Infelizmente não pôde ver a Lei Áurea, que trouxe a liberdade para a população negra: em 1882, com diabetes avançada e bastante debilitado, veio a óbito. Sua morte foi honrada e trouxe grande comoção popular pelos grandes feitos do negro advogado.

ABOLIÇÃO: LIBERDADE NEGRA EM TROCA DO TRONO IMPERIAL

Até aqui o leitor já conseguiu vislumbrar ideias novas e livres de enviesamento ideológico a respeito de um período tão importante da nossa história – Brasil Império – e sobre o movimento social mais bem-sucedido da história do nosso país – o abolicionismo.

Além disso, por meio da história de André Rebouças e José do Patrocínio, o leitor conseguiu ter um panorama mais palpável de como a militância negra contemporânea se empenha quando o assunto são os abolicionistas e sua relação com a monarquia brasileira.

Agora se faz importante esclarecer algumas ideias sobre o movimento abolicionista do nosso país. O primeiro ponto é: o abolicionismo é o movimento negro brasileiro. Isso mesmo que você leu: ignorar o abolicionismo como parte do movimento negro brasileiro é leviano e um grande equívoco.

Deste primeiro fato decorre o segundo: colocar todas as fases do movimento negro dentro do termo "mimimi" também compartilha da mesma natureza de leviandade. Transformar a luta de abolicionistas como André Rebouças, José do Patrocínio, Joaquim Nabuco, Luiz Gama, Dona Isabel e tantos outros em uma mera querela ou mimo de criança pequena demonstra desconhecimento da história da própria nação.

Além disso, o abolicionismo foi o maior exemplo de luta pela liberdade que o nosso país já teve. Assim, quem defende liberdade de existir e de se expressar nos dias de hoje tem como obrigação e responsabilidade não permitir que este grande feito brasileiro seja esquecido.

No âmbito cultural, a mudança de uma mentalidade de senhor de escravos para o direito humano da liberdade é fruto direto das ações no campo político, intelectual e cultural dos abolicionistas. No Brasil atual, o que nós, conservadores e liberais, queremos é justamente essa mudança de mentalidade da população. Queremos que rompam com os grilhões progressistas pulverizadores da doutrinação marxista em toda a malha social, tal qual um abolicionista lá no passado vislumbrava a liberdade para a população negra.

Por que tal mudança na mentalidade é tão decisória no nosso processo de emancipação? Porque a ordem social da época era tão estranha aos nossos olhos contemporâneos que o Brasil era o país de escravos que possuíam escravos. Logo, nota-se que a escravidão não era vista tal qual o movimento negro contemporâneo quer remontar, antagonismo de brancos *versus* negros, mas como algo inerente à própria forma de se viver em sociedade. A historiadora Kátia Mattoso, por exemplo, chama atenção para a dinâmica diversa que a sociedade escravocrata brasileira tinha:

> O reaparecimento desse modo de produção antigo se desenvolveu no interior da economia capitalista em expansão, com novas formas de escravidão coexistindo com as antigas para criar um conjunto original: realmente, seria correto falar de relações de produção e de exploração da mesma forma, em se tratando de serviços sociais, como o transporte de mercadorias, a navegação ou tarefas domésticas? O escravo que alugava seus serviços no mercado de trabalho seria, ao mesmo tempo, explorado e explorador? O escravo, proprietário de outros escravos, seria senhor e escravo? Quantos tipos de escravos existiam? Que tipos de relações sociais se estabeleceram entre as diferentes categorias de escravos e entre esses escravos e as outras classes sociais? As respostas a essas questões só poderão ser sugeridas na medida em que ficar um pouco mais conhecida infinita variedade das condições materiais e afetivas da vida dos escravos brasileiros no decorrer dos três séculos de história da escravidão. Propor *a priori* um modelo explicativo único seria inútil, melhor seria analisar primeiramente as múltiplas formas da condição escrava no Brasil (Mattoso, 2016, p. 126).

Basta um simples exercício de lógica para entendermos a situação do Brasil: se o problema da escravidão era tão plural e complexo a ponto de uma pessoa em condição servil condicionar outro sujeito à mesma situação, como a solução viria por meio de antagonismos entre duas supostas classes?

O movimento abolicionista era plural em suas frentes de atuações justamente por conta da pluralidade do problema escravocrata enfrentado. E o que levou à libertação dos escravos? O conjunto de forças. No melhor estilo de combate na guerra cultural, a abolição no Brasil uniu movimento popular, família imperial, classe política, intelectuais, imprensa, Igreja e abolicionistas.

Originada de um projeto de lei apresentado por Rodrigo Augusto da Silva (1833-1889), a Lei Áurea teve trâmite relativamente ligeiro, uma vez que foi apresentada no dia 8 de maio e promulgada no dia 13. Ainda que aprovada pelo Parlamento, a princesa Isabel "ousou" ter a coragem de colocar em prática o que a agenda abolicionista há anos vinha debatendo: a liberdade negra.

Como já é sabido, Dom Pedro II havia viajado para a Europa e quem ocupava o cargo de presidente do Conselho de Ministros era o Barão de Cotegipe (1815-1889) – que era veementemente contra o abolicionismo. Dona Isabel, regente de Dom Pedro II, sabia, portanto, que teria o próprio Barão como obstáculo para colocar em prática a abolição da escravatura.

Neste cenário, a princesa-regente solicita ao Barão de Cotegipe que demita o chefe de polícia da capital. O pedido é negado pelo Barão, que, na sequência, renuncia ao seu cargo de presidente do Conselho. Sem o Barão no jogo, quem assume o cargo é João Alfredo Correia de Oliveira (1835-1919), abolicionista que não a impediria de colocar em prática a Lei Áurea. No dia 13 de maio de 1888, declara-se extinto o regime escravocrata brasileiro:

> A Princesa Imperial Regente, em nome de Sua Majestade o Imperador, o Senhor D. Pedro II, faz saber a todos os súditos do Império que a Assembléia Geral decretou e ela sancionou a lei seguinte:
>
> Art. 1.º: É declarada extinta desde a data desta lei a escravidão no Brasil.
>
> Art. 2.º: Revogam-se as disposições em contrário.

> Manda, portanto, a todas as autoridades, a quem o conhecimento e execução da referida Lei pertencer, que a cumpram, e façam cumprir e guardar tão inteiramente como nela se contém.
>
> O secretário de Estado dos Negócios da Agricultura, Comércio e Obras Públicas e interino dos Negócios Estrangeiros, Bacharel Rodrigo Augusto da Silva, do Conselho de Sua Majestade o Imperador, o faça imprimir, publicar e correr.
>
> Dada no Palácio do Rio de Janeiro, em 13 de maio de 1888, 67.º da Independência e do Império.
>
> Princesa Imperial Regente.
>
> Rodrigo Augusto da Silva
>
> Carta de lei, pela qual Vossa Alteza Imperial manda executar o Decreto da Assembleia Geral, que houve por bem sancionar, declarando extinta a escravidão no Brasil, como nela se declara. Para Vossa Alteza Imperial ver. Chancelaria-mor do Império – Antônio Ferreira Viana.
>
> Transitou em 13 de maio de 1888. – José Júlio de Albuquerque (Brasil, 1888).

Como já dito anteriormente, a crítica pertinente em relação à monarquia brasileira é a respeito da morosidade do processo de abolir a escravidão, contudo, também como já dito anteriormente, a complexidade da ordem social da época é algo a se levar em consideração quando analisamos a história do nosso país, análise que deve ser feita com cautela para que não caiamos em anacronismos.

Além disso, a própria Princesa Isabel, por exemplo, reconhecia que havia o problema da lentidão na solução da escravidão (Cruz, 2019b):

> Os acontecimentos precipitavam-se, tive vergonha de mim mesma, que talvez por um excesso de comodismo, para evitar uma estralada, o que sempre me é desagradável, descuidava de fazer com que se retirasse o ministério que, sentia, não fazia em primeiro lugar o bem do país; depois com ele me arrastava para o abismo.

Outro aspecto importante que deve ser mencionado é que todos tinham consciência do que estava em risco com a abolição sendo promulgada: o próprio trono. Contudo, o dever moral da princesa, que, anteriormente, até mesmo de passeatas abolicionistas junto aos filhos havia participado, falou mais alto:

> Tendo o imperador viajado em junho de 1887 para tratamento de saúde na Europa, Isabel assumiu a regência. Dessa vez, a princesa não manteve a postura discreta que adotara nas duas primeiras regências. Revelou-se agressivamente abolicionista. Suas razões eram de natureza política e religiosa. Pelo lado da política, a abolição podia converter-se em crédito a favor do terceiro reinado; no que toca à religião, seu catolicismo recomendava a libertação como um imperativo da caridade cristã. Estabeleceu contato direto com abolicionistas, sobretudo com André Rebouças, e envolveu-se abertamente em ações a favor dos escravos (Cruz, 2019b).

É importante notarmos o tom do catolicismo da princesa, já que outra falácia que vemos cotidianamente é que a Igreja Católica e seus fiéis desprezavam a realidade da condição servil do negro brasileiro, o que, mais uma vez, não passa de uma falácia. Em resposta ao seu marido, Conde d'Eu (1842-1922), que a alertava sobre a consequência de perder o trono, Dona Isabel respondeu:

> O marido tentou demovê-la, dizendo: "não assine, Isabel, é o fim da monarquia"; ao que ela respondeu: "assiná-lo-ei, Gaston; se agora eu não fizer, talvez nunca mais tenhamos oportunidade tão propícia. O negro precisa de liberdade, assim como eu preciso de satisfazer ao nosso Papa e nivelar o Brasil, moralmente, aos demais países civilizados (Cruz, 2019b).

O diálogo entre Dona Isabel com o adversário político Barão de Cotegipe mostra o pulso firme e decisivo da princesa ao mesmo tempo que, novamente, demonstra o futuro quase inevitável da Coroa: "Disse ela: 'E então, Barão, não foi acertada a votação desta lei?'. Ao que ele respondeu: 'Redimiste, sim, uma raça, mas perdeste o vosso trono'" (Cruz, 2019b).

Logo após a abolição, criou-se uma imensa comoção ao redor da figura da princesa Isabel: talvez, em certa medida, Dona Isabel tenha se tornado objeto de culto por negros recém-libertos, uma das acusações direcionadas a José do Patrocínio, por exemplo. O fato é que abolicionistas e a população negra exultavam de alegria na senhora Isabel ao saber que, a partir da Lei Áurea, um novo horizonte, o horizonte da liberdade, se apresentava para toda a população.

Infelizmente, como veremos no capítulo a seguir, após o golpe republicano de 1889, a população recém-liberta vê-se diante de um novo algoz: o eugenismo republicano. Os negros agora eram livres dos grilhões da escravidão, mas estavam presos na difamação sobre a negritude que se pulverizava pela sociedade.

CAPÍTULO II

O VERDADEIRO MOVIMENTO NEGRO

Olhando para a trajetória dos últimos quarenta anos do movimento negro, é praticamente impossível de acreditar que, no passado, este mesmo movimento foi protagonizado por figuras ilustres como Luiz Gama, André Rebouças, José do Patrocínio e Arlindo Veiga dos Santos. Mais difícil ainda de crer é que as bandeiras levantadas pelos militantes negros do passado evocavam liberdade, catolicismo e monarquia. Já vivemos dias gloriosos de militância negra em prol de liberdade, cidadania brasileira, autoestima dessa população e harmonia entre as diferentes etnias que formam o povo brasileiro.

Além de desprezarem o passado glorioso do movimento negro por questões puramente ideológicas – o que denota o nível de desonestidade intelectual –, a militância negra contemporânea, embora em seus discursos as palavras "liberdade" e "igualdade" sejam encontradas em abundância, na prática o que eles fazem é fomentar a segregação racial em detrimento de soluções para os problemas sociais que atingem os negros em situação de vulnerabilidade no nosso país.

Pouco mais de um ano depois da promulgação da Lei Áurea, em 1889, os militares que já estavam insatisfeitos com a família imperial por se sentirem menos prestigiados pela Coroa, o sentimento republicanista e positivista que crescia entre eles e os opositores do abolicionismo que se sentiam lesados pela libertação dos escravos apoiaram o golpe republicano. Sem apelo popular, copiando o federalismo americano, inclusive na bandeira improvisada, os militares anunciaram de maneira abrupta que a República brasileira estava inaugurada.

A querela entre monarquia e militares já se dava desde a Guerra do Paraguai, como muito bem registrou em um diário específico para a Guerra André Rebouças. Ele denunciou a desorganização, a ausência de estratégia e o amadorismo do governo brasileiro durante a Guerra. Ao voltarem para o Brasil, os militares se sentiram desprestigiados pela família imperial e estavam desgostosos com a situação de seus cargos públicos, que, comparados a outros da máquina pública, ocupavam os cargos mais baixos.

No campo filosófico, as ideias positivistas francesas estavam borbulhando. Auguste Comte (1798-1857), um dos principais representantes da corrente do positivismo, defendia o cientificismo, isto é, o viés religioso seria uma forma ultrapassada de se organizar a sociedade. Comte se opunha às tradições e colocava a ciência como um deus de verdade absoluta, racional e livre de erros.

As ideias positivistas encontraram solo fértil nos militares brasileiros, que já estavam insatisfeitos com a monarquia. Era o respaldo filosófico político contra as tradições monárquicas da família real. Era o preterimento às tradições em detrimento de novos líderes, e elas estariam pautadas na tecnocracia racional e burocrática do funcionamento da máquina pública.

Bastante empolgados com as ideias positivistas que iam diretamente contra o poder monárquico brasileiro, os republicanos se esforçaram para contagiar a população com o objetivo de que o povo abraçasse esse novo ideário de se conduzir uma sociedade, contudo, as ideias encontravam o total vácuo populacional.

Um dos termômetros que media a impopularidade das ideias republicanas eram as eleições: raramente candidatos republicanos conquistaram cargos por meio do voto popular. Sem dúvidas, eles compunham uma classe política que não possuía a menor intimidade com a população brasileira. De maneira geral, as pessoas nutriam afeto pela família imperial e, embora maculado pelo período escravocrata, o Brasil possuía estabilidade política sob o comando monárquico.

Ao longo da História, caro leitor, no campo político, a regra é clara: quando se há um governo em que não há chances de queda por meios constitucionais legítimos, a única ferramenta que sobra é a forma abrupta para imposição de uma nova forma de governar, isto é, o golpe. Sem rodeios, foi exatamente esta ferramenta que os militares utilizaram.

Embora os militares estivessem inconformados com a monarquia, a Marinha brasileira não compartilhava de tal sentimento e era fiel à Coroa. Portanto, o golpe republicano tinha poucas chances de ter êxito em sua empreitada. Assim, a figura na qual foi depositada todo tipo de fé foi a do Marechal Deodoro da Fonseca, herói da Guerra do Paraguai, mas também bastante insatisfeito com a família imperial.

Deodoro da Fonseca já estava com a saúde debilitada no período em que o golpe republicano estava em curso. Após destituir o Visconde de Ouro Preto (1836-1912) de seu cargo, sua iniciativa foi voltar para a sua residência e não se encontrar com o Imperador Dom Pedro II no Palácio Imperial em Petrópolis.

Cientes da situação de saúde de Deodoro, os republicanos se aproveitaram de tal fragilidade para executar o golpe. Neste cenário, redigiram a moção da Proclamação da República em que nomearam Marechal Deodoro da Fonseca chefe do governo provisório. Munidos do documento, os golpistas foram até a residência de Deodoro da Fonseca para convencê-lo a assinar o documento e, assim, selar o golpe republicano.

RACISMO CIENTÍFICO

Etimologicamente falando, a palavra *eugenia* tem origem no grego e significa *eu* "bom" e *nia* "nascido", portanto, o "bem-nascido". Os eugenistas acreditavam que havia raças humanas distintas, como se fossem espécies diferentes de animais. Além da diversidade de raças, eles acreditavam que existiam hierarquias entre as raças. Tal crença partia do princípio de que a origem do Homem era distinta, ou seja, o debate era entre as correntes do *monogenismo* e *poligenismo*.

A visão monogenista sobre a origem do Homem partia da perspectiva una, isto é, eles acreditavam que o Homem

> teria se originado de uma fonte comum, sendo os diferentes tipos humanos um produto "da maior degeneração ou perfeição do Éden". Nesse tipo de argumentação vinha embutida, por outro lado, a noção de virtualidade, pois a origem uniforme garantia um desenvolvimento (mais ou menos) retardado, mas de toda forma semelhante. Pensava-se na humanidade como um gradiente – que iria do mais perfeito (mais próximo do Éden) ao menos perfeito (mediante a degeneração) –, sem pressupor, num primeiro momento, uma noção única de evolução (Schwarcz, 1993, p. 64).

Em contraste à visão monogenista, que estava mais alinhada ao pensamento bíblico, surgem reflexões que pretendiam explicar a origem do Homem de maneira mais diversa, isto é, o poligenismo:

> A partir do século XIX, a hipótese poligenista transformava-se em uma alternativa plausível, em vista da crescente sofisticação das ciências biológicas e sobretudo diante da contestação ao dogma monogenista da Igreja. Partiam esses autores da crença na existência de vários centros de criação, que correspondiam, por sua vez, às diferenças raciais observadas (Schwarcz, 1993, p. 64).

O poligenismo, unido à ascensão das ciências biológicas, pavimenta o caminho para a ideia de gradiente entre as raças. A cereja do bolo do racismo científico é a *antropologia criminal* que, por sua vez, passa a atribuir aos sujeitos a potencialidade criminal tendo como crivo características físicas de cada indivíduo. Algo que, curiosamente, ainda vemos nos dias de hoje no discurso da esquerda, mas às avessas, pois tentam colocar na população negra a pecha de que o crime é uma das poucas saídas para a situação social em que vivem, quando, na verdade, a imensa maioria de pessoas negras no nosso país são honestas e, mesmo ao serem vítimas do crime, não sucumbem a ele.

De acordo com um dos expoentes da antropologia criminal, Cesare Lombroso (1835-1909), a criminalidade pertenceria ao fenômeno biológico, assim, ela seria fruto de características físicas. Além disso, ela também seria um fenômeno hereditário, tal qual uma doença. Os métodos utilizados para que se concluísse que determinado sujeito estava mais apto à criminalidade envolviam a medição da proporção do cérebro e o tamanho do crânio.

Partindo desta ideia da antropologia criminal de Lombroso, os eugenistas concluíram que, quanto mais pessoas negras ou próximas às características da negritude compunham uma sociedade, maior o índice de criminalidade e, portanto, menor o índice de desenvolvimento daquela malha social.

As teorias que pretendiam explicar as disparidades no desenvolvimento social de cada região não paravam em características físicas dos sujeitos que compunham a população. De acordo com a escola de pensamento *determinista geográfica*, por exemplo, as características do solo e clima tinham intervenção direta e determinante no tipo de sociedade que encontramos: mais ou menos evoluída.

Para eles, a cultura estava ligada ao meio. De acordo com Henry Thomas Buckle (1821-1862), evolucionista social, valia a máxima: "dá-me o clima e o solo que lhe direi de que nação se fala (Schwarcz, 1993, p. 46).

A potencialidade de cada nação estaria fadada ao tipo geográfico de cada país.

Desse caldeirão de ideias eugenistas e pseudocientíficas, sem a menor sombra de dúvida a teoria que teve maior impacto por todo o mundo, inclusive aqui no nosso país, foi o *darwinismo social* ou *teoria das raças*.

Além de hierarquizar os indivíduos tendo como base características raciais, algo que já estava em voga na Ciência, o darwinismo social enxergava a miscigenação como algo negativo e não vislumbrava a possibilidade de mutação dentro de uma raça por meio de um processo de evolução social já que, para os seus adeptos, não havia a possibilidade de transmissão de "caracteres adquiridos". De acordo com Schwarcz (1993, p. 78):

> Ou seja, as raças constituíram fenômenos finais, resultados imutáveis, sendo todo cruzamento, por princípio, entendido como erro. As decorrências lógicas desse tipo de postulado eram duas: enaltecer a existência de "tipos puros" – e portanto não sujeitos a processos de miscigenação – e compreender a mestiçagem como sinônimo de degeneração não só racial como social".

Curiosamente, aqui percebemos outra semelhança com os discursos mais atuais do movimento negro e da esquerda em geral: eles buscam a todo instante demonizar a miscigenação como se essa fosse uma artimanha quase que científica para "diluir" as características negras, isto é, busca-se dividir e categorizar a sociedade brasileira como se a ideia de um único povo brasileiro – que é diverso em sua concepção – fosse uma afronta. A divisão e a consequente segregação da sociedade para fomentar o ódio entre brasileiros passa a ser um método constantemente utilizado nesses discursos.

Três premissas fundamentais alicerçaram o pensamento eugênico dos darwinistas sociais no início da República. O primeiro dizia respeito ao distanciamento entre uma raça e outra. De acordo com essa teoria, tal distanciamento correspondia ao mesmo que um cavalo tem de um asno. A segunda premissa estabelecia distinções no que tange à moralidade do sujeito. Para o darwinista social, além de fisicamente inferior, a moralidade também seria inferior a depender da raça do indivíduo.

Tal inferioridade moral teria vínculo direto com a cultura de cada nação, logo, a cultura também seria inferior a depender do indivíduo que a compõe. Aqui cabe tecer um comentário a respeito da cultura. Como sabemos, a esquerda tem como *modus operandi* o relativismo, isto é, parte do princípio de que não há uma verdade absoluta, de que a verdade sempre depende da perspectiva do sujeito que conta a história.

Quando falamos de cultura, a esquerda coloca o relativismo em prática e nivela todas as culturas como equivalentes, isto é, as equipara. A justificativa é que o contrário a tal equiparação seria o darwinismo social em voga. Contudo, a grande questão é que tanto darwinistas sociais quanto esquerdistas estão errados, até mesmo porque, embora a esquerda busque evidenciar um antagonismo com o darwinismo social, acabou absorvendo algumas características de sua concepção de mundo com a diferença de que buscam uma suposta proteção dos negros enquanto vilanizam os brancos.

Os primeiros estão errados porque partem da premissa racista de que o indivíduo tem moralidade e existência inferior ou superior a depender das características físicas que carrega – com o negro estando na base dessa pirâmide racial – e que essa "inferioridade" tem reflexo direto na cultura do país em que se vive, ou seja, a inferioridade cultural emanaria da inferioridade racial.

Os segundos estão errados porque colocam no mesmo nível moral culturas que pregam a piedade e a misericórdia cristãs, por exemplo, com culturas que acreditam que mulheres são inferiores, que devem se casar com estupradores em caso de serem violentadas sexualmente ou que pessoas homossexuais são seres inferiores.

Ao se entender a cultura a partir do conceito antropológico que a define como um conjunto de hábitos, moralidade e valores, compreendo que há mutabilidade nela, isto é, conforme amadurecemos os conceitos filosóficos que regem uma sociedade, consequentemente amadurecemos a cultura e, portanto, hábitos, moralidade e valores podem sair de uma perspectiva inferior para uma superior. Isto nada tem a ver com características físicas dos sujeitos.

Para tornar-se mais tangível para o leitor, exemplifico a minha fala com o caso brasileiro: em nosso país, houve um longo tempo em que tínhamos uma cultura escravocrata, ou seja, uma cultura inferior, que foi substituída pela cultura de liberdade fomentada pelo movimento abolicionista brasileiro, uma cultura superior.

Isso posto, voltemos para os darwinistas sociais. A terceira e última premissa fundamental é o coletivismo raciocultural que é imposto. Ao determinar o comportamento e a moralidade do sujeito, tendo como filtro as características físicas, a subjetividade é escanteada.

O responsável tanto por cunhar o termo *eugenia*, em 1883, quanto por escrever o livro que inaugura tais ideias, *Hereditary Genius*, em 1869, foi Francis Galton (1822 -1911), que era geógrafo, matemático e primo de Charles Darwin (1809-1882). Em *Hereditary Genius*, Galton escreve: "buscava provar, a partir de um método estatístico e genealógico, que a capacidade humana era função da hereditariedade e não da educação" (Galton, 1869 *apud* Schwarcz, 1993, p. 47-48).

A ciência eugenista da época sentenciava: ao se nascer negro, mulato, pardo, indígena ou qualquer outro grupo étnico que não pertencesse ao anglo-saxão, o sujeito estava fadado ao fracasso, pois a inferioridade, de acordo com eles, era inata aos indivíduos frutos da mestiçagem.

Olhar para a obra de homens que se propunham ser grandes figuras acadêmicas e encontrar racismo deliberado e desnudado travestido de intelectualidade certamente produz o sentimento de angústia e inconformidade com tais absurdos, mas o mais triste ainda é ver a proliferação da antimiscigenação em um dos países mais plurais em termos de miscigenação do mundo: o Brasil.

A REPÚBLICA EUGENISTA

Como visto no capítulo anterior, a família imperial cultivava a sede por liberdade e era entusiasta das ideias abolicionistas. Tais ideais não pairavam sobre os membros que formavam o início do governo republicano em nosso país. Um dos motivos que explicam isso é justamente a influência intelectual que o positivismo tinha na República.

Ao depositar na ciência a expressão máxima de racionalidade e de verdade de toda a sociedade, o positivismo colaborou para que pseudociências ganhassem corpo no Brasil, a exemplo do darwinismo social. O questionamento que o positivismo emplacou não se limitava às formas de governar um país, mas iam além ao promover o debate acerca de qual tipo de cidadão compunha uma nação.

O Brasil era um país com desenvolvimento industrial precário, composto majoritariamente por uma população analfabeta, pobre e recém-saída do regime escravocrata, em vulnerabilidade social e sanitária, e com a economia alicerçada no ruralismo. De fato, havia atrasos enquanto nação em relação aos outros países.

A conjuntura política, econômica e social do país serviu de terreno fértil para a proliferação das ideias difundidas pela antropologia evolucionista, que pretendia explicar as disparidades dos desenvolvimentos entre as sociedades por meio da hierarquização da origem de cada indivíduo. Os republicanos positivistas serviram como pratos cheios para eugenistas e darwinistas sociais e suas pseudociências.

É importante mencionar que a Primeira Guerra Mundial (1914-1918) deu ao Brasil uma perspectiva global em relação a outras populações. Em 1917, quando entrou na guerra, as nossas vulnerabilidades brasileiras ficaram mais expostas aos próprios brasileiros após o contato com outros povos.

Para a elite brasileira, os povos europeus representavam o civilizado, o desenvolvido e o moderno, ao passo que, para esta mesma elite, a população brasileira era sinônimo de atraso e barbárie. Era a famosa *síndrome de vira-lata* que, infelizmente, ainda assola muitos brasileiros até os dias de hoje. Outro aspecto que não pode sair da equação quando estamos analisando a ascensão do eugenismo no nosso país é a crise sanitária e a miséria que nos assolavam, atingindo, principalmente, a população mestiça. Para a elite da época, a eugenia se mostrava uma forma sanitizante de resolver todos os problemas sociais brasileiros, já que o atraso era atribuído à população mestiça.

Por meio de artigos de jornais, que eram publicados nas cidades de São Paulo e Rio de Janeiro, as primeiras ideias eugenistas chegaram em terras tupiniquins por volta de 1910, pouco mais de vinte anos após o exílio imposto à família real brasileira. Embora tímida no começo e encontrando ouvidos moucos nos homens da ciência da época, logo a eugenia ganhou adeptos.

Em 1914, no Rio de Janeiro, na Academia de Medicina, é apresentada a primeira obra eugênica do país, escrita pelo médico Alexandre Tepedino. A tese defendia o racismo científico sem qualquer tipo de constrangimento vindo por pares acadêmicos ou pela imprensa.

O motor propulsor da eugenia no Brasil e na América Latina seria Renato Kehl (1889-1974), um dos maiores racistas científicos que se tem conhecimento. Nascido no dia 22 de agosto de 1889, em Limeira, São Paulo, formou-se médico na Faculdade de Medicina do Brasil, no Rio de Janeiro.

No I Congresso Internacional sobre eugenia que aconteceu na Inglaterra, em 1912, Kehl teve a oportunidade de conhecer as ideias de Francis Galton e, assim, tornou-se entusiasta da escola eugenista. Convencido de sua missão, o médico é tomado por uma disposição que o faz ser o grande propagandista da eugenia.

Um dos primeiros efeitos de sua propaganda foi a criação da Sociedade Eugênica de São Paulo, em 1918. Contando com 140 membros, tinha como objetivo ser um instituto científico de estudos e pesquisas acerca da eugenia com o propósito de trazer a regeneração racial para o Brasil. Entre os integrantes encontravam-se médicos, intelectuais e membros da imprensa da época.

No Brasil, o movimento eugenista ganhou *status* de defesa de ideias modernas. Além disso, houve uma confusão entre as ideias eugenistas e a defesa das ideias sanitaristas: elas foram tratadas como equivalentes. O tratamento foi dado, inclusive, por médicos que levantavam a pauta sanitária no Brasil. Neste período de início de República, a opinião pública, a imprensa e os intelectuais estavam empenhados na pauta sanitarista. Há a possibilidade de os eugenistas terem visto em tal pauta a oportunidade de potencializar a difusão de suas ideias e, talvez, tenham tido facilidade, já que, para eles, a teoria era uma limpeza racial e eles a equiparavam com a limpeza proposta pelos sanitaristas.

Em 1929, em ocasião da comemoração do centenário da Academia Nacional de Medicina, no Rio de Janeiro, foi realizado o I Congresso Brasileiro de Eugenia. No mesmo ano, Renato Kehl passou a publicar o *Boletim de Eugenia*, por meio do qual defendia as ideias de extirpação da *raça inferior*.

Neste contexto, alguns nomes famosos surgiram no Brasil. Raimundo Nina Rodrigues (1862-1906) é um deles. Para falar de Nina Rodrigues, permita-me, caro leitor, lançar mão de um meme bastante utilizado nas redes sociais: "o Brasil não é para amadores". Vejam só vocês o grau de complexidade da nossa nação: Nina Rodrigues era um homem pardo e eugenista. Isso mesmo, ele defendia pautas que colocavam um alvo nas próprias costas.

Nina Rodrigues foi médico legista e psiquiatra, além de discípulo das ideias de antropologia criminal de Cesare Lombroso. Como pesquisador, ele tinha como objeto de estudo casos psiquiátricos, credos religiosos e casos criminais que eram protagonizados pela população negra brasileira. Ao assumir a disciplina de Clínica Médica, em 1889, e, depois, a de Medicina Legal, em 1891, na Faculdade de Medicina da Bahia, Nina Rodrigues foi essencial no desenvolvimento da antropologia forense em nosso país.

A obra que marca e escancara o racismo de Nina Rodrigues é *As Raças Humanas*, publicada em 1894. O livro defende raças inferiores e superiores, como o darwinismo social já fazia há um tempo, e propõe que seja dado tratamento diferenciado às raças no Código Penal, isto é, para Rodrigues, os não brancos estavam propensos à vida criminosa e impossibilitados de mudar tal realidade:

> A concepção espiritualista de uma alma da mesma natureza em todos os povos, tendo como conseqüência uma inteligência da mesma capacidade em todas as raças, apenas variável no grau de cultura e passível, portanto, de atingir mesmo num representante das raças inferiores, o elevado grau a que chegaram as raças superiores, é uma concepção irremissivelmente condenada em face dos conhecimentos científicos modernos (Rodrigues, 1957, p. 28 *apud* Rodrigues, 2015 p. 20).

Na teoria de Nina Rodrigues, percebe-se a negação da dignidade humana, inerente a todo e qualquer indivíduo, uma vez que ele parte da premissa de que, além de serem raça inferior, os negros não possuem possibilidade de ascensão racial. Ademais, nega-se o direito natural primário – o direito à própria vida –, já que a considera menor nos sujeitos negros. Deste tipo de pensamento eugenista decorrem genocídios, a exemplo do que aconteceu aos judeus no regime nazista.

Alicerçado na ideia de que o crime muda de acordo com a ordem vigente de cada sociedade, ou seja, ações diferentes são consideradas delitos em tempos diferentes, Nina Rodrigues propõe que o conceito de justiça compartilhe da mesma natureza mutável. Assim, para ele, se o negro, o índio e o mestiço são raças inferiores e inatamente tendem à marginalidade, logo a justiça deve corresponder proporcionalmente ao risco que os não brancos causam a toda sociedade.

Como o Brasil não possui *homogeneidade populacional*, isto é, trata-se de um país miscigenado, logo a justiça não poderia ser a mesma para todos. Para respeitar o seu pilar basilar, o senso de proporcionalidade de cada delito, a justiça precisaria levar em consideração a raça de cada sujeito para ser, de fato, justa. De acordo com os eugenistas:

> Ora, desde que a consciência do direito e do dever, correlativos de cada civilização, não é o fruto do esforço individual e independente de cada representante seu; desde que eles [índios, negros e mestiços] não são livres de tê-la ou não tê-la assim, pois que essa consciência é, de fato, o produto de uma organização psíquica que se formou lentamente sob a influência dos esforços acumulados e da cultura de muitas gerações; tão absurdo e iníquo, do ponto de vista da vontade livre, é tornar os bárbaros e selvagens responsáveis por não possuir ainda essa consciência, como seria iníquo e pueril punir os menores antes da maturidade mental por já não serem adultos, ou os loucos por não serem sãos de espírito (Rodrigues, 1957, p. 79 *apud* Rodrigues, 2015 p. 56).

Ainda sobre o pensamento de Nina Rodrigues, é importante apontar que a diferenciação no tratamento do Código Penal que ele propunha era de penas mais brandas para os miscigenados, pois, de acordo com ele:

> Os negros africanos são o que são: nem melhores nem piores que os brancos: simplesmente eles pertencem a uma outra fase do desenvolvimento intelectual e moral. Essas populações infantis não puderam chegar a uma mentalidade muito adiantada e para esta lentidão de evolução tem havido causas complexas. Entre essas causas, umas podem ser procuradas na organização mesma das raças negríticas, as outras podem sê-lo na natureza do *habitat* onde essas raças estão confinadas. Entretanto, o que se pode garantir com experiência adquirida, é que pretender impor a um povo negro a civilização europeia é uma pura aberração (Rodrigues, 1957, p. 114 *apud* Rodrigues, 2015 p. 80).

Essa ideia de que a população negra possuía mentalidade inferior e infantil compõe um dos estereótipos pejorativos bastante denunciados por feministas negras como Patricia Hill Collins. Embora feminista e marxista, a sua conclusão acerca do impacto negativo sobre a população negra que este estereótipo teve é bastante precisa.

Vale mencionar que a militância negra contemporânea, quando se utiliza da senzala ideológica contra negros de direita, age tal qual o eugenista do passado: diante de um negro que não corresponda às ideias esquerdistas a respeito de qualquer tema político, imediatamente o tratam como um sujeito de mentalidade inferior. O tratam como incapaz, como um sujeito débil. Aqueles que supostamente estão preocupados com a população negra são os primeiros a serem racistas com os negros que não comungam dos mesmos valores dos esquerdistas.

Outro nome de grande destaque deste período tempestuoso da ciência brasileira é Juliano Moreira (1873-1933). Homem negro e de origem bastante pobre, era filho de Galdina Joaquina do Amaral, que trabalhava para Luís Adriano Alves de Lima Gordilho, o Barão de Itapuã (1830-1892). O jovem menino negro só foi reconhecido como filho aos 13 anos por Manoel do Carmo Moreira Júnior, após a morte de sua mãe.

Graças ao Barão de Itapuã, teve acesso à educação e demonstrou excelentes resultados nos exames preparatórios que o levaram ao seu primeiro grande feito acadêmico: ingressar no curso de Medicina aos 13 anos e formar-se aos 18. Em 1896, após cinco anos de sua formação,

Moreira ocupou o cargo de professor substituto da disciplina Doenças Mentais e Nervosas na mesma faculdade.

Contribuiu imensamente para o processo de humanização nos tratamentos psiquiátricos no Brasil e consolidou-se internacionalmente, à época, como um grande psiquiatra. Contemporâneo de Nina Rodrigues, Juliano Moreira combateu argumentos que vinham do racismo científico contra a população negra.

Contudo, é importante salientar que, embora fosse contra algumas ideias racistas, o próprio Juliano Moreira defendia premissas eugenistas. O porquê de tal defesa se deve à difusão da eugenia em propostas sanitaristas que norteavam a agenda política da saúde pública naquele período. Como já mencionado, os problemas sanitários e as doenças que vinham dele eram uma realidade brasileira. De acordo com Schwarcz (1993):

> se até a primeira metade do século XIX o Brasil parecia desfrutar da reputação de país saudável e bastante imune às doenças contagiosas, esta imagem tenderá, a partir de então, a se alterar completamente. Em 1895, por exemplo, em um dos primeiros quadros de demografia sanitária publicados pelo *Brazil Medico* [revista da Faculdade de Medicina do RJ, onde, inclusive publicava Juliano Moreira], a incidência de moléstias contagiosas era aterradora. Em primeiro lugar no índice de mortalidade constava a tuberculose – a peste branca –, responsável por 15% das mortes no Rio de Janeiro. Seguiam-se, em ordem de grandeza, os casos de febre amarela, varíola, malária, cólera, beribéri, febre tifóide, sarampo, coqueluche, peste, lepra, escarlatina, os quais, todos juntos, representavam 42% do total das mortes registradas nessa cidade. A situação não se restringia, porém, ao ano de 1895. Na verdade, não havia como negar a triste realidade: o país estava tomado por doenças contagiosas.

A emergência sanitária e as doenças decorrentes dela foram o terreno fértil para a suposta comprovação das hipóteses eugenistas, uma vez que a principal população afetada por estes problemas era a negra. Porém, o motivo de os negros serem afetados era a vulnerabilidade social, isto é, a pobreza e as condições precárias de higiene em que a população se encontrava, não qualquer fato genético dessa população como apontavam os eugenistas.

A dualidade de pensamento do psiquiatra Juliano Moreira se dava na esfera da miscigenação. Ele comungava da ideia de que a mistura das três raças era danosa para a nação brasileira. De acordo com ele: "à má natureza dos elementos formadores de nossa nacionalidade deve-se a nossa vasta degenerescência física, moral e social que, injustamente, se tem ligado ao único fato da mestiçagem" (Moreira, 2011, p. 3).

Mesmo acreditando que o desenvolvimento precário do nosso país se devia à miscigenação do nosso povo, Moreira rebateu algumas ideias eugenistas que circulavam nos bancos acadêmicos da psiquiatria. Os três pontos refutados eram os princípios basilares da ciência eugênica e que vinham contaminando todo o cenário das Ciências Biológicas e Sociais em nosso país.

A primeira era a de que as doenças mentais não estavam relacionadas com o clima tropical em que o indivíduo se encontrava. A segunda dizia que: a raça do indivíduo não condiciona ou determina algum tipo de favorecimento de doenças mentais; e a terceira, talvez a crença mais famosa do racismo científico, é a de que os sujeitos negros não possuíam mentalidade inferior advinda da raça negra.

Diferentemente das propostas eugênicas de Nina Rodrigues e Renato Kehl, Juliano Moreira acreditava que a solução para os problemas do país estava pautada na boa educação, fomentação de cultura e iniciativas sociais que contribuíram para a modernidade tão desejada pela elite nos primeiros anos de República no Brasil.

Na área da psiquiatria, confrontou as ideias de Nina Rodrigues sobre a criminalidade ser característica da população negra, por exemplo, ao ir para a Europa e visitar pacientes brancos, conclui que a degeneração também constava em algumas deles, anulando, portanto, a hipótese de ser inato e restrito à raça negra, de acordo com Moreira ([*s.d.*] *apud* Cruz, 2020):

> Continuemos nas oficinas, nas escolas secundárias, na caserna, nas escolas superiores em todas as coletividades o trabalho de higiene mental que tornará efetiva a melhor profilaxia contra os fatores de degradação da nossa gente, sempre sem ridículos preconceitos de cores ou castas, mesmo porque só assim os que foram senhores e se compenetraram de sua superioridade, merecerão ser absolvidos do feio pecado de terem vivido por muito tempo fartamente a mercê do trabalho desmoralizado dos outros, que eles ou seus ascendentes degradaram e escravizaram.

Juliano Moreira é um excelente exemplo de que cabe a quem busca ensinar e pesquisar a história do nosso país uma imensa responsabilidade para que não se caia no erro da paixão ideológica e dos anacronismos decorrentes dela, isto porque Moreira personificou a complexidade humana e da ordem social vigente em cada sociedade e em cada período. A dualidade de seu pensamento demonstra que, diferentemente do que os marxistas propõem, a história de uma nação não é preto no branco como diz o ditado.

O LEGÍTIMO MOVIMENTO NEGRO

Até este ponto do livro, você, caro leitor, pode já ter tido algum tipo de contato com as informações que até aqui foram apresentadas. Para a nossa sorte, as redes sociais, por meio de bons professores, têm se mostrado um excelente instrumento de busca pela verdadeira história do nosso país, contudo, o que eu percebo é que existe uma grande lacuna no mercado editorial conservador quando o assunto são as relações raciais brasileiras.

Vêm surgindo alguns livros no mercado editorial que abordam o racismo no Brasil sem as chorumelas esquerdopatas. De maneira séria tratam de questões importantes com rigor acadêmico e buscam pela verdade. Um bom exemplo disto é o livro das autoras Geisiane Freitas e Patrícia Silva, *O que não te contaram sobre o movimento antirracista*, o qual tem como proposta debruçar-se a respeito das falácias do *racismo estrutural*, *apropriação cultural* e *lugar de fala*.

Tal lacuna facilita o trabalho de doutrinação marxista no que diz respeito às pautas sociais no Brasil: sem marco teórico, ou com poucos, os conservadores, na chamada "guerra cultural", perdem mais uma ferramenta legítima de combate e deixam de ocupar mais um espaço. Pior: cedem o espaço para que os marxistas o ocupem.

Por isso, o que eu quero propor aqui é apresentar ao leitor onde está a legitimidade do movimento negro brasileiro. É responder à pergunta: o movimento negro sempre foi marxista? Em algum momento da história do nosso país o movimento negro combateu verdadeiramente o racismo? A população negra brasileira foi beneficiada por esforços dos movimentos negros? É o que veremos no desenrolar deste subcapítulo.

O primeiro aspecto que é necessário debater é o que significa o termo *negritude* e a origem dele. De acordo com Aimé Césaire, *negritude* "é simplesmente o ato de assumir ser negro e ser consciente de uma identidade, história e cultura específica" (Munanga, 1988, p. 44 *apud* Domingues, 2005, p. 198). Além disso, Césaire atribuiu à negritude três aspectos: identidade, fidelidade e solidariedade:

> A identidade consiste em ter orgulho da condição racial, expressando-se, por exemplo, na atitude de proferir com altivez: sou negro! A fidelidade é a relação de vínculo indelével com a terra-mãe, com a herança ancestral africana. A solidariedade é o sentimento que une, involuntariamente, todos os "irmãos de cor" do mundo, é o sentimento de solidariedade e de preservação de uma identidade comum (Munanga, 1988, p. 44 *apud* Domingues, 2005, p. 198).

Aimé Césaire era membro do Partido Comunista, portanto, seus argumentos dentro do movimento da negritude e os aspectos que ele relacionava a este partiam da premissa marxista de luta de classes. Adiante falaremos mais sobre este aspecto.

É difícil precisar o início do termo *negritude*, já que o movimento começou em várias partes do globo de maneira concomitante, mas, no geral, negritude se configurou por ser o ativismo político contra os aspectos racistas, além de ser a exaltação das características negras, uma vez que em todo o mundo as ideias eugenistas ocupavam a agenda cultural e fomentavam a cultura de inferioridade da população negra.

Negritude ganhou características amplas: o vemos empregado em contextos políticos, étnicos, culturais e ideológicos. Os marxistas gostam de mencionar que os múltiplos aspectos têm funções dentro do debate público. Nas palavras do historiador Petrônio Domingues:

> No terreno político, negritude serve de subsídio para a ação do movimento negro organizado. No campo ideológico, negritude pode ser entendida como processo de aquisição de uma consciência racial. Já na esfera cultural, negritude é a tendência de valorização de toda manifestação cultural de matriz africana (Domingues, 2005, p. 194).

As definições apresentadas pelo historiador chamam bastante atenção, principalmente a da esfera política, já que, para Domingues, a "aquisição de uma consciência racial" (2005, p. 26) é o que apresentei logo na introdução deste livro: todo e qualquer negro deve aderir às ideias marxistas, caso contrário será tratado como um leproso.

A visão marxista de Petrônio Domingues é contraditória quando pensamos na história que o movimento da negritude teve não só aqui no Brasil, mas no mundo. Para historiadores como ele, figuras como André Rebouças e José do Patrocínio, por exemplo, não possuem legitimidade, tampouco o movimento de negritude que foi o abolicionismo em nosso país. O próprio autor percebe tais fases, embora com tristeza marxista reconheça que o movimento da negritude não tinha a roupagem que a contemporaneidade concedeu aos militantes atuais:

> [...] o movimento da negritude, na fase inicial, cumpriu um papel revolucionário, rompendo com os valores da cultura eurocêntrica. No entanto, na medida em que se ampliou e adquiriu uma conotação mais política, diluiu seu potencial transformador. O movimento passou a padecer de uma série de contradições insolúveis, a ponto de alguns de seus principais dirigentes defenderem posições políticas conservadoras (Domingues, 2005, p. 194).

Fora do nosso país havia lideranças negras que engendraram a união entre a luta pelas questões dos negros e a luta de classes e uma suposta opressão capitalista. Nomes como Aimé Césaire e W.E.B Du Bois personificavam essa perspectiva da negritude socialista.

Já aqui no Brasil a realidade era diferente. Os negros que viveram a transição do governo monárquico para o republicano tinham em suas memórias a vivacidade das notáveis disparidades entre a forma em que cada administração tratava a população negra e, por isto, neste primeiro momento, as ideias marxistas não eram uma possibilidade, tampouco uma solução.

O cenário brasileiro para a população negra era de intensa insalubridade. Negros estavam abandonados à própria sorte, uma vez que o plano pós-abolição não foi colocado em prática pelos republicanos. Sem saneamento básico, emprego, educação e condições de higiene pessoal precárias, a população negra perecia e se entregava aos vícios, como o alcoolismo.

Além disso, como já dito anteriormente, a crise de doenças decorrentes da insalubridade sanitária assolava as terras tupiniquins: tais doenças eram atribuídas à população negra por fator biológico hereditário, isto é, a ideia que reverberava é que os mestiços eram a causa das doenças e, portanto, não dignos de algum tipo de iniciativa sociocultural.

É neste cenário que surge umas das maiores figuras negras do Brasil e funda a maior entidade política negra da história do nosso país: a Frente Negra Brasileira.

O MONARQUISTA CATÓLICO NA PRIMEIRA REPÚBLICA

Nos negros que tiveram a oportunidade de serem mais instruídos havia uma efervescência para solucionar as questões sociais dos mestiços. Eram comuns encontros informais que se transformaram em debates e posteriores iniciativas políticas e culturais:

> [...] poetas, jornalistas, professores, advogados, oradores, toda uma boemia literária e política em busca de mudanças, lutavam pela criação e manutenção de jornais próprios, mas havia necessidade também de

> superar a desconfiança entre letrados e não letrados [...] um pequeno grupo havia conseguido ascender socialmente e obtido empregos modestos no serviço público como professores, escriturários, funcionários do serviço postal e juntamente com outros militantes menos escolarizados empreenderam na década de 1920 estratégias de superação das condições de exclusão social (Malatian, 2013, p. 2).

O movimento abolicionista, embora barrado pelos republicanos, deixou sementes no que diz respeito ao ativismo político em prol da causa negra: "de 1897 a 1930, contabilizou-se cerca de 85 associações negras funcionando na cidade de São Paulo, sendo 25 dançantes, 9 beneficentes, 4 cívicas, 14 esportivas, 21 grêmios recreativos, dramáticos e literários, além de 12 cordões carnavalescos" (Domingues, 2004, p. 329).

A militância da República Velha não tinha como objetivo a articulação de problemas sociais com a revolução marxista. Estava empenhada em resolver os principais problemas que apareciam na esfera da realidade e conseguiam conceber o novo significado de negro no Brasil:

> O associativismo dos negros em São Paulo e suas práticas de sociabilidade no meio urbano, nos espaços de convivência disponibilizados pela cidade, foram de grande relevância nas décadas iniciais do século XX. Buscavam construir uma nova identidade negra e lutar por uma nova inserção na sociedade, no contexto da discussão sobre a modernidade nacional. A tendência dominante foi a assimilacionista, por significar para grupos de negros que ascendiam socialmente distanciamento da cultura afro-brasileira e a correspondente incorporação dos valores dominantes na sociedade (Malatian, 2013, p. 2).

É nesse cenário que surge a militância de Arlindo Veiga dos Santos. O jovem estudante de algum curso das humanidades das universidades federais brasileiras que brada aos quatro ventos que é impossível ser antirracista sem ser anticapitalista e revolucionário ou que acredita na mentira de que a monarquia brasileira era racista se assustaria – e cancelaria em sua conta do Twitter – ao ver a história e defesa política de Arlindo Veiga dos Santos.

É provável que o caro leitor não tenha escutado a respeito do monarquista negro e isso deve-se ao trabalho engenhoso da esquerda em deslegitimar e apagar da História figuras brilhantes que lutaram pelo nosso país.

Arlindo Veiga do Santos nasceu na cidade de Itu/SP em 12 de fevereiro de 1902. De origem humilde, foi bastante afortunado por receber boa educação formal. Estudou no Colégio São Luís, que concentrava os filhos de cafeicultores e comerciantes. Uma doce curiosidade é que o colégio foi fundado por Jesuítas italianos e foi o segundo colégio jesuíta criado em nosso país.

A educação que recebeu pode se encaixar no que hoje em dia chamamos de um estilo mais clássico, ou, para os mais descrentes em Deus, um estilo retrógrado (Malatian, 2013, p. 3):

> Sua adolescência foi formada na pedagogia inaciana, desenvolvida no amplo edifício de duplo panóptico que consistia em duas igrejas, salas de aula, laboratórios, torre de observação astronômica, salão de festas e teatro, refeitório, dormitório, além de vasta área de chácara com pomar e horta. O *Ratio Studiorum* codificava o sistema educacional para formar integralmente o homem cristão, atualizado na cultura de seu tempo, com atenção a todas as dimensões do indivíduo, incluindo a afetividade. Seu projeto pedagógico era presidido por catequese, teoria e prática, e nele estavam interligados como reflexão e ação. Ação que constituía a meta final do processo educacional voltado para a maior glória de Deus (AMDG).

A formação educacional de Arlindo Veiga foi fundamental para a sua atuação política. Com aulas aprofundadas de Filosofia e Oratória, Arlindo Veiga desenvolveu grande poder de comunicação e larga capacidade acadêmica, chegando a escrever poemas e novelas. O catolicismo – que incomoda profundamente a militância negra contemporânea – também veio da sua formação escolar. Arlindo Veiga dos Santos era consagrado à Virgem Maria e tinha uma rotina de vida espiritual com missas diárias e confissões mensais.

Já na vida adulta, aos vinte anos, iniciou o curso de Filosofia e Letras na Faculdade de Filosofia e Letras, em São Paulo. Durante a sua formação acadêmica, os valores que já havia cultivado durante infância e adolescência ganharam mais substrato ao ter contato com as ideias neotomistas contra a "modernidade" distorcida que assolava o mundo:

> Nesta Faculdade, que atuou de modo destacado na formação da intelectualidade católica durante a Primeira República, teve início um movimento de recuperação e atualização da filosofia de Santo Tomás de Aquino, iniciada por Leão XIII com a encíclica Aeterni Patris (1879), como resposta ao "mundo moderno". A ele o neotomismo opunha uma visão do mundo considerada satisfatória para fundamentar uma proposta política alternativa ao liberalismo, ao anarquismo, ao socialismo e ao comunismo. O retorno à filosofia tomista significou uma resposta aos problemas enfrentados pelo catolicismo no final do século XIX: a origem e a legitimidade do poder, a melhor forma de governo, as relações entre Igreja e Estado, o estatuto do trabalho (Malatian, 2013, p. 5).

Mais à frente, o neotomismo será o que influenciará o patrianovismo de Arlindo Veiga dos Santos e a defesa da volta da monarquia ao Brasil por meio da Frente Negra Brasileira. No período de sua formação acadêmica havia muitas associações de negros que promoviam atividades recreativas para a população negra. Veiga dos Santos aproximou-se destas associações e, já percebendo que a atuação delas necessitava de expansão, propôs ideias políticas.

A recreação nunca deixou de ser característica das associações negras. Além de proporcionar lazer e fomentar cultura, era uma maneira de atrair novos membros a se juntarem à causa da população negra. Além disso, as recreações tinham função social, uma vez que o negro não possuía espaço de sociabilidade na sociedade, já que era marginalizado.

Em 1926, em São Paulo, foi fundado o Centro Cívico de Palmares pelo militante Antônio Carlos. A princípio seria um espaço voltado para atividade intelectual, uma biblioteca cooperativa, contudo, com o tempo, assumiu caráter político e passou a promover o debate acerca das condições sociais da população negra.

Uma grande conquista protagonizada pelo Centro Cívico de Palmares foi em 1928, quando a entidade política se mobilizou em campanha para derrubar um decreto que proibia a entrada de negros na Guarda Municipal – milícia do estado, à época – do estado de São Paulo.

O então governador de São Paulo, Júlio Prestes (1882-1946), também atendeu a outra demanda da agenda política negra e derrubou a proibição da participação de crianças negras em um concurso – que foi patrocinado pelo Serviço Sanitário de São Paulo – o qual tinha como objetivo encontrar o bebê mais "eugenicamente desejável".

Ainda vale mencionar que o estatuto do Centro Cívico de Palmares tinha, entre seus objetivos, o intuito de promover a inserção do negro na vida social e política por meio da instrução intelectual e moral da população negra e, assim, dar continuidade ao projeto de abolição. A bandeira que eles defendiam era direcionada à entusiasta pedagógica que contemplava os debates entre os negros intelectuais da época:

> Surgiu como centro literário, mas partilhava com as tendências educacionais dominantes na época o otimismo pedagógico de transformação social como decorrência do nível de escolaridade mais elevado da população. Criar escolas, formar professores negros para educar a mocidade era uma sequência idealizada, que poderia retirar os meninos negros das ruas, ensinar-lhes as primeiras letras e encaminhá-los ao mundo do trabalho em melhores condições de competitividade em relação ao trabalhador imigrante, principalmente italiano (Malatian, 2013, p. 6).

Notem como os objetivos eram concretos e promoviam algo que seria possível de ser implementado, longe de devaneios marxistas. Além disso, havia a preocupação com problemas legítimos que, de fato, prejudicavam a ascensão material e intelectual da população negra.

A pedagogia era característica fortíssima na militância do Centro Cívico de Palmares:

> foi essa associação que desenvolveu uma importante iniciativa educacional: a criação de uma escola com certa estrutura pedagógica. Funcionando na sede da entidade, as aulas ocorriam nos períodos diurno e noturno. Ensinava-se a ler, a escrever e a contar, bem como gramática, geografia, história, aritmética e geometria, entre outras disciplinas. Para as mulheres, ensinavam-se prendas domésticas. De acordo com matéria publicada no jornal *Progresso*, o Centro Cívico Palmares chegou a ter um "curso secundário que contava com um afinado corpo docente preto", de lá saíram alguns alunos que ingressaram nas "escolas superiores do país" (*Progresso*, 24 mar. 1929, p. 2 *apud* Domingues, 2008, p. 520-521).

Preocupar-se com o nível de escolaridade do negro, com a sua postura em ambientes públicos, com o desemprego que o assolava e tentar solucionar estes problemas a fim de inseri-lo na sociedade como um cidadão brasileiro tal como qualquer outro é a grande contribuição do movimento negro de vanguarda.

Arlindo Veiga dos Santos esteve no Centro Cívico de Palmares, o seu primeiro contato com uma entidade política mais madura, e atuou firmemente em prol dos ideais de dignidade da negritude no Brasil. Mas o auge ainda estava por vir. Com a dissolução do Centro Cívico dos Palmares, Veiga dos Santos fundou a maior e mais relevante entidade política negra do nosso país: a Frente Negra Brasileira.

Em colaboração com outros companheiros, em 3 de março de 1928, em São Paulo, Arlindo Veiga dos Santos fundou o Centro Monarquista de Cultura Social e Política Pátria-Nova. O objetivo da entidade política era restaurar a monarquia brasileira e, portanto, instaurar o III Império. Notamos que, embora nascido pós-monarquia brasileira, Veiga dos Santos reconhecia a importância dela e a estabilidade política que era capaz de promover ao país.

A defesa de valores que são caros aos conservadores de hoje em dia também era importante ao monarquista católico:

> A grande obra da ação negra no Brasil deve começar pela família pois que é ela a célula-mãe de toda a sociedade civil. É a família a união

> do varão e a esposa com seus filhos, debaixo do governo do varão. É ela o protótipo da sociedade política ou estado mais perfeito, isto é – monarquia" (*O Clarim d'Alvorada*, São Paulo, 13.05.1927, p. 3 *apud* Domingues, 2006b, p. 522).

Imagine só, caro leitor, ativista do movimento negro, combatente do racismo, negro e de origem humilde, católico e defensor do princípio basilar da Política: a família. Arlindo Veiga dos Santos deixaria de cabelo em pé qualquer militante *antirracista* do Partido Socialismo e Liberdade (PSOL), mas Veiga dos Santos se distanciava do conservadorismo atual quando definia o movimento patrianovista como "direita radical" e até mesmo "violento":

> Somos Pátria-Nova, extrema direita radical e violenta, afirmadores de Deus e sua Igreja, afirmadores da Pátria Imperial e Católica, inimigos irreconciliáveis e intolerantes do burguesismo, plutocratismo e capitalismo materialista, ateu, gozador, explorador, internacionalista, judaízante e maçonizante; inimigos da república, dos partidos, do parlamentarismo, em suma do liberalismo religioso, político e econômico; enfim, tão inimigos também da anarquia bolchevista que com erros igualmente grandes pretende em vão "corrigir" a tirania da burguesia liberal, como inimigos da ordem social mentirosa, instalada em quase todo o mundo (*O Clarim de Pátria-Nova*, São Paulo, [*s.d.*] *apud* Domingues, 2006b, p. 523).

O posicionamento de Arlindo Veiga dos Santos é evidentemente exagerado e pode ser categorizado como fundamentalista religioso e radical com algumas aspirações autoritárias para os tempos atuais, mas o ponto a se analisar é a existência de ações políticas em benefício dos negros oriundas de intelectuais não marxistas, e mais, declaradamente anticomunistas.

Veiga dos Santos derruba a falácia de que católicos não se importam com questões raciais no Brasil. Derruba, também, a mentira de que, para ser contra o racismo, é pré-requisito ser marxista. Além disso, demonstra preocupação genuína com os problemas reais da população negra e não os trata como espantalhos, a exemplo da narrativa de *racismo estrutural*.

O sociólogo Clóvis Moura criticou a maneira racista do posicionamento de Veiga dos Santos:

> Para Clóvis Moura, por exemplo, essa militância indica um "intelectual negro dividido" entre os valores da negritude e os valores "brancos", pois ao mesmo tempo em que fundou e dirigiu a Pátria-Nova, movimento monarquista inspirado nos mesmos princípios do catolicismo antiliberal, articulou um projeto de integração do negro à sociedade, cuja relevância Moura reconhece, com a ressalva de não se tratar de um projeto de negritude e sim de um projeto nacionalista que tinha entre seus objetivos superar o racismo, condensado no lema Deus, Pátria, Raça e Família (Malatian, 2013, p. 7).

Para Clóvis Moura, o "intelectual negro dividido" é um sujeito negro que, por exemplo, tem como valores o catolicismo, assim como Veiga dos Santos, ou seja: não há nenhum tipo de constrangimento em impor que o negro deve pensar de determinada forma política; caso contrário, estararia reproduzindo "valores brancos".

Mais: o cabresto que querem colocar na população negra diz respeito a considerar que os valores e princípios morais, pasmem, têm cor! Isto é, rememorando o melhor estilo de darwinismo social, Clóvis Moura e todos os apoiadores das ideias da esquerda partem da mesmíssima premissa de que há uma moralidade inata à negritude. Antes tratava-se de uma inferioridade biológica, mental e intelectual, agora, com os esquerdistas impondo a sua agenda, é o negro que, necessariamente, deve incorporar todo e qualquer valor revolucionário marxista.

Além disso, ainda cabe mencionar que esse comportamento deliberadamente racista não é recriminado pela esquerda, afinal, ela não está preocupada com o racismo efetivamente, mas com o posicionamento político do sujeito. A depender deste, o sujeito está liberado ou não para ser racista. Quanto mais à direita, menos autorizado a ser racista o sujeito está, de acordo com a métrica torta dos marxistas.

O período em que Arlindo Veiga dos Santos viveu era muito mais impregnado de ideias racistas, a exemplo do racismo científico, do que hoje em dia. Contudo, tanto sua postura como a de outros militantes do período não foi de autopiedade ou de atitude revolucionária socialista, mas de ações práticas para solucionar problemas práticos. Tal comportamento acentuou-se com a fundação da Frente Negra Brasileira.

FRENTE NEGRA BRASILEIRA

Na cidade de São Paulo, próximo à Praça da Sé, no Salão da Associação das Classes Laboriosas, em 16 de setembro de 1931, foi fundada por Arlindo Veiga dos Santos e outros militantes a maior entidade política negra do país: a Frente Negra Brasileira (FNB).

Até hoje alvo de ataques intelectuais com o objetivo de deslegitimação das contribuições efetivas e benéficas realizadas para a população negra, a FNB existia debaixo do seguinte estatuto:

> Art. 1º – Fica fundada nesta cidade de São Paulo, para se irradiar por todo o Brasil, a "FRENTE NEGRA BRASILEIRA", união política e social da Gente Negra Nacional, para afirmação dos direitos históricos da mesma, em virtude da sua atividade material e moral no passado e para reivindicação de seus direitos sociais e políticos, atuais, na Comunhão Brasileira. Art. 2º – Podem pertencer à "FRENTE NEGRA BRASILEIRA" todos os membros da Gente Negra Brasileira de ambos os sexos, uma vez capazes, segundo a lei básica nacional. Art. 3º – A "FRENTE NEGRA BRASILEIRA", como força social, visa à elevação moral, intelectual, artística, técnica, profissional e física; assistência, proteção e defesa social, jurídica, econômica e do trabalho da Gente Negra. Inciso Único – Para execução do art. 3º, criará cooperativas econômicas, escolas técnicas e de ciências e artes, e campos de esportes dentro de uma finalidade rigorosamente brasileira. Art. 4º – Como força política organizada, a "FRENTE NEGRA BRASILEIRA", para mais perfeitamente alcançar os seus fins sociais, pleiteará, dentro da ordem legal instituída no Brasil, os cargos eletivos de representação da Gente Negra Brasileira, efetivando a sua ação político-social em sentido rigorosamente brasileiro. Art. 5º – Todos os meios legais de organização necessários à consecução dos fins da "FRENTE NEGRA BRASILEIRA"

> serão distribuídos em tantos departamentos de ação quantos forem precisos, constando de regulamento especial (*Diário Oficial do Estado de São Paulo*, 04 nov. 1931, p. 12 *apud* Domingues, 2006a, p. 351).

A ideia de Veiga era proporcionar a formação em diversos aspectos aos indivíduos negros, isto é, uma formação integral. O que chama bastante atenção é a forma direta de tratar o problema que assolava a população negra: para os que eram analfabetos, ele propunha formação técnica; para os desempregados, ele propunha formação profissional; aos discriminados em decorrência do racismo científico, ele propunha defesa social e jurídica; àqueles que enfrentavam pobreza extrema, ele propunha proteção e defesa econômica; aos solapados pela precarização sanitária e doenças decorrentes dela, propunha elevação física; para os tidos como imorais, ele propunha projeto de moralidade.

A FNB não partilhava, portanto, do posicionamento de criar crises infundadas e "combatê-las", como faz a militância negra contemporânea, ou de relativizar valores e não levar em consideração que há maneiras melhores de se vestir e se portar, ou que toda moralidade é equivalente: iam direto à raiz dos problemas sociais.

Como já dito anteriormente, esse período do país foi marcado por movimentos negros preocupados em fomentar formação educacional para eles. Com a FNB não seria diferente: um dos principais projetos da entidade era uma escola noturna cujo Arlindo Veiga dos Santos era um dos professores.

A sede da instituição ficava em um casarão na Rua da Liberdade, em São Paulo. A escolha do lugar não foi à toa: além da simbologia que continua no nome da rua, o local foi, no passado, rota de fuga de escravos. Além disso, as paróquias do Remédio e de São Gonçalo, que ficavam nas proximidades da rua, eram as que acolhiam os fugitivos da opressão escravocrata, além da proximidade do cemitério dos Aflitos, local onde eram sepultados os escravos indigentes. Ademais, de acordo com Domingues:

> No início, a FNB foi instalada num modesto "escritório" no Palacete Santa Helena, mas como o número de adesões crescia rapidamente,

> a sede social foi transferida para um casarão da Rua Liberdade, 196 (onde atualmente funciona a Casa de Portugal), na região central de São Paulo. A sede era imensa. No seu interior havia salas da presidência, da secretaria, da tesouraria, de reuniões e dos diversos departamentos. Mantinha-se um salão de beleza, barbeiro, bar, local para jogos, gabinete dentário, um posto de alistamento eleitoral (Pinto, 1993, p. 53). Contava-se ainda com espaço para o funcionamento de uma escola, de cursos profissionalizantes, de um grupo teatral e de um grupo musical, além de um salão para as realizações das festas e cerimônias oficiais (Domingues, 2008, p. 521).

O caráter político da organização era bastante latente: o objetivo dos frentenegrinos era a ocupação dos cargos representativos por seus membros e pela população negra em geral, isto é, representatividade negra. Contudo, é interessante observar que os critérios para tal representatividade nada tem a ver com a tal representatividade defendida pela militância negra contemporânea:

> os direitos políticos são claramente definidos no art. 4º dos estatutos, que previa a organização da Frente como "força política organizada" para pleitear "dentro da ordem legal instituída no Brasil, os cargos eletivos de representação da Gente Negra Brasileira, efetivando a sua ação político-social em sentido rigorosamente brasileiro (Malatian, 2013, p. 8).

Na verdade, a representatividade reivindicada pelos ativistas negros marxistas diz respeito à dominação cultural marxista de cargos relevantes e estratégicos por militantes que, sem ressalvas, concordam com todo o leque de ideias à esquerda. Para eles, negros como eu, por exemplo, ocupando cargo de vereador na maior cidade do país, não são *representatividade negra*, afinal, sou conservador e combato as ideias marxistas.

Portanto, é como se eu me tornasse imediatamente branco. Aliás, foi isso que Clóvis Moura defendeu em seu argumento. Há "valores brancos", como vimos anteriormente, ou seja, há um "desde que" na representatividade negra da esquerda: "você pode ser um representante negro, desde que defenda exatamente as ideias marxistas que nós, donos de seu pensamento, acreditamos". Logo, não há preocupação genuína em ascensão material e profissional do sujeito negro.

Já a FNB partia da premissa de que a ocupação negra nos cargos políticos não aconteceu em decorrência da precária situação educacional. O índice de analfabetismo era altíssimo. O censo de 1920, por exemplo, apontou que, dentre 26.042.442 brasileiros com cinco anos ou mais, 18.549.085 eram analfabetos, ou seja, 71,2% da população. E a maioria esmagadora desta população de analfabetos era composta pelo povo mestiço brasileiro.

Para termos noção do tamanho do problema, façamos uma comparação com o censo do Instituto Brasileiro de Geografia e Estatística (IBGE) de 2022. O grupo "preto e pardos", que é o que o termo *negro* contempla, em 2022, na população com 15 anos ou mais, possuía um índice de 7,4% de analfabetismo, isto é, uma disparidade drástica entre a República Velha e os dias de hoje.

Se hoje em dia identificamos sérios problemas educacionais no nosso país, com uma educação básica fraca que produz o que chamamos de "analfabetos funcionais", no período da FNB sequer o "privilégio" de analfabetos funcionais dentro da população negra acontecia.

Por isso, o empenho constante das entidades políticas da época em promover a educação da população negra. Além disso, é importante mencionar um aspecto burocrático: para a obtenção do título de eleitor, e, portanto, obtenção da participação no processo eleitoral, era preciso ser alfabetizado.

A ocupação territorial da FNB também é algo admirável: em 1936, por exemplo, a entidade política contava com mais de 60 delegações, ou seja, filiais, distribuídas no interior de São Paulo e em outros estados como Espírito Santo, Minas Gerais e Rio de Janeiro.

Além disso, existiam organizações políticas homônimas em Recife, Salvador e Rio Grande do Sul. Quanto ao número de membros, há um impasse com relação à precisão, contudo, sabe-se que era um número expressivo:

> [...] os números são bastante contraditórios. Michael Mitchell estimou em 6 mil sócios em São Paulo e 2 mil em Santos (1977, p. 131); Florestan Fernandes avaliou em 200 mil sócios, mas sem especificar se esse número era válido somente para São Paulo (1978, p. 59) (Domingues, 2008, p. 521).

Os afiliados eram cidadãos comuns. A maioria deles eram trabalhadores de serviços braçais, funcionários públicos de baixa escalão e trabalhadores de cargos subalternos, ou seja: a FNB era um movimento com apelo popular, pois alcançava a população que estava em vulnerabilidade social.

É interessante compararmos com a militância negra contemporânea, porque esta é formada majoritariamente por uma elite acadêmica: estudantes de universidades públicas da classe média que, na maior parte da vida, tiveram o básico garantido e não sabem a experiência da vida real do negro brasileiro.

Além da forte influência católica, a qual, hoje em dia, é alvo de críticas pela esquerda, a FNB contava com um rígido sistema de hierarquia em que o poder era concentrado no presidente – Arlindo Veiga dos Santos – e no conselho, composto por 20 membros.

O cargo da presidência foi ocupado por duas pessoas durante a história da FNB. O primeiro, já mencionado, que ocupou o posto até junho de 1934; o segundo foi Justiniano Costa, o qual presidiu até o fechamento compulsório da entidade pela ditadura varguista, em 1937.

Não se restringindo à atuação no campo educacional, em 1932, a FNB teve uma relação direta e importantíssima para os negros no campo dos direitos civis: a conquista de São Paulo em contratar negros para a Guarda Civil. Como dito anteriormente, o Centro Cívico Palmares havia derrubado a proibição dos negros no processo seletivo, contudo, no que tange à contratação, somente após reunião dos representantes da FNB com Getúlio Vargas, o então ditador do Brasil, tal oportunidade virou realidade:

> O corpo administrativo da Guarda Civil de São Paulo era composto, na sua maioria, por imigrantes e negavam a admissão de afro-brasileiros aos quadros dessa instituição. Recebidos em delegação pelo então Presidente da República, Sr. Getúlio Vargas, os representantes da FNB apelaram ao Presidente no sentido de ser oferecido aos afro-brasileiros igualdade de acesso àquela instituição. Vargas então ordenou à Guarda o imediato alistamento de 200 recrutas afro-brasileiros. Nos anos 30, cerca de 500 afro-brasileiros ingressaram nos quadros dessa instituição, com um deles chegando a ocupar o posto de coronel (Siss, 2003, p. 9 *apud* Pereira, 2010, p. 4).

Vale mencionar que, em um período de conflitos raciais muito mais acirrados em nosso país, nos quais o negro estava sendo prejudicado pelo racismo que, neste exemplo da Guarda Civil, era utilizado como propaganda pela máquina estatal, não havia a reinvindicação por cotas raciais, mas, sim, a solução real de problemas reais.

Com o homem negro marginalizado e impedido de trabalhar em decorrência de sua cor de pele, isto é, por causa do racismo vigente da época, a mulher negra tinha sobre seus ombros responsabilidades redobradas, já que acabava tornando-se o pai e a mãe de seu lar, de acordo com o sociólogo Florestan Fernandes (1920-1995):

> A mulher negra avulta, nesse período, [...] como a artífice da sobrevivência dos filhos e até dos maridos ou "companheiros". Sem a sua cooperação e suas possibilidades de ganho, fornecidas pelos empregos domésticos, boa parte da "população de cor" teria sucumbido ou refluído para outras áreas. Heroína muda e paciente, mas não podia fazer senão resguardar os frutos de suas entranhas: manter com vida aqueles a quem dera a vida! Desamparada, incompreendida e detratada, travou quase sozinha a dura batalha pelo direito de ser mãe [...]. Nos piores contratempos, ela era o "pão" e o "espírito", consolava, fornecia o calor do carinho e a luz da esperança. Ninguém pode olhar para essa fase do nosso passado sem enternecer-se diante da imensa grandeza humana das humildes "domésticas de cor", agentes a um tempo da propagação e da salvação do seu povo (Fernandes, 1964 p. 352).

As oportunidades de trabalho para as mulheres negras da época eram majoritariamente restritas às funções de empregadas domésticas, e as condições de trabalho eram bem precárias. Quando falamos a respeito das mulheres negras deste período, o argumento da esquerda é de que os cargos ocupados por estas mulheres eram a extensão do período escravocrata e, para ser honesto com você, caro leitor, digo que, neste apontamento, os marxistas estão certos.

As funções domésticas desempenhadas pelas escravas no período anterior à abolição continuaram executadas pelas mesmas mulheres negras servindo, agora, aos mesmos patrões. Acontece que disto decorreu uma série de problemas no que diz respeito à não aceitação, por parte do patrão, da relação patrão e funcionário em vez de senhor de escravo e escrava.

Além disso, havia o estigma em cima da mulher negra que dizia que esta só estava apta para o trabalho desde que ele fosse nas funções domésticas. Como pontado por Florestan Fernandes, as mulheres negras tornaram-se arrimos de família, uma vez que seus maridos ou companheiros não conseguiam empregos e, muitas vezes, entregavam-se ao alcoolismo, por exemplo, complicando ainda mais a relação familiar da população negra.

É importante destacar que é evidente que não há demérito em uma mulher trabalhar nas funções domésticas, pois é um emprego digno e legítimo como qualquer outro. A questão que aqui se coloca é que a profissão de servir a uma família ainda estava demasiadamente relacionada com a subserviência, não com a dignidade de um trabalho honesto.

Em razão de tal desequilíbrio familiar, isto é, do fato de a mulher negra ter que ser mãe, esposa e sustentar a sua família, além de lidar com o racismo que ela mesma, seu marido e seus filhos enfrentavam, o problema de ausência de estrutura familiar assola a população negra, problema que, até hoje, castiga a mesma população.

Outro problema enfrentado pelas mulheres negras: os estereótipos de imagens. A feminista marxista Patricia Hill Collins fez um bom trabalho de denúncia deste aspecto na sociedade americana. Embora marxista e feminista, Collins é uma pesquisadora competente e apontou que as imagens estereotipadas das mulheres negras lhes causaram problemas no convívio social com homens e mulheres de outras etnias.

Isso também ocorreu com as mulheres negras brasileiras. A vulnerabilidade social que elas enfrentavam fazia com que vivessem em cortiços precários e, por causa do abandono de seus maridos, que também não estavam nas melhores situações, viviam como mães solteiras.

Sobre elas recaía a fama de lascivas, promíscuas, de mulheres com maior predisposição para libertinagem e outros estereótipos de natureza vulgar no que diz respeito à sua sexualidade. Estas adjetivações pejorativas eram frutos, além da condição social precária que grava preconceitos em outras classes sociais, do racismo científico que pulverizava a ideia de que a moralidade de pessoas negras era inferior, logo, as mulheres eram mais imorais e mais dadas à concupiscência da carne.

Diante desse cenário, a FNB mostrou-se preocupada com a situação das mulheres negras e passou a promover medidas que tinham como objetivo dar assistência a elas por meio de uma espécie de agência de empregos que era chamada de "Departamento de Colocações Domésticas na FNB" (Domingues, 2006, p. 357):

> Seu objetivo era conseguir serviços domésticos – cozinheira, passadeira, copeira e lavadeira – para as frentenegrinas. Fernandes argumenta que, em virtude das frentenegrinas terem adquirido consciência de seus direitos, muitas patroas passaram a evitá-las. Em compensação, outras lhes davam preferência, pois "sabiam que podiam confiar nelas, que era gente direita".

A FNB é apenas um dos exemplos da militância negra da época que estava empenhada em alfabetizar, profissionalizar e colocar a população negra no mercado de trabalho formal. Outros coletivos, de menor expressão política, estavam dedicados à mesmíssima função.

Contudo, mesmo com o louvável trabalho que era realizado por essa instituição, os ativistas marxistas conseguiram encontrar um "problema" no tratamento dado às mulheres pelos frentenegrianos: a narrativa do "patriarcado machista estrutural" é costumeiramente chamada na discussão quando o assunto são os dirigentes da FNB.

A "polêmica" se dá, em primeiro lugar, por causa da ausência de mulheres em cargos na diretoria; de acordo com os ativistas marxistas, não havia, portanto, a representatividade negra feminina dentro da instituição. Além disso, a ideia que imperava dentro da FBN era de que os papéis de sexo deviam ser respeitados, assim, à mulher era reservado o papel de esposa e mãe, o que, para a militância contemporânea, é o equivalente a desejar a escravidão para ela.

Um dos membros da FNB, Benedito V. Costa, escreveu em uma coluna no jornal *A Voz da Raça*, jornal da entidade política, que:

> O esposo dá o pão e o conforto; a esposa, Deusa do lar, dá o beijo que encoraja e o carinho que revigora. [Em seguida, aconselhava que a mulher fosse] sempre fiel, dócil e carinhosa [para seu] esposo e defensor, [que] dará conforto e agasalho em seu terno coração (Costa, 1936, p. 3 *apud* Domingues, 2007a, p. 359).

Um integrante dos membros dirigentes aconselhava que:

> deveria ficar em casa, cuidando dos filhos, enquanto o marido saía para o trabalho. [Devia ser] ela a encarregada de dar educação para as crianças negras, encaminhá-las para um futuro melhor da "raça", definido pela FNP como só sendo possível via educação (Santos, 2003, p. 173 *apud* Domingues, 2007a, p. 15).

A frentenegrina Celina Veiga, em uma das edições do mesmo jornal da FNB, escreveu a respeito da mulher negra:

> A mulher negra precisa hoje em dia enfrentar a mulher branca; para isso, temos as armas necessárias de combate, são as seguintes: tenhamos moralidade, amor aos nossos negrinhos; fazendo-lhes ver os deveres para com a Pátria; ilustrando a inteligência e o aperfeiçoamento das artes e ofícios, para as quais sentimos vocação, e, principalmente, concorrendo em tudo e por tudo com a mulher branca, pondo a nossa inteligência, o nosso preparo, a nossa atividade e o nosso patriotismo (Veiga,1935, p. 2 *apud* Domingues, 2007a, p. 366).

Tais recomendações nada tinham de opressoras ou algo neste sentido, contudo, são tratadas como o retrato da mais legítima "extrema-direita" que seria personificada pelos membros da FNB. Ora, mas não é evidente que tal tipo de recomendação era mais que necessária para a população negra?

Além de ser legítimo uma mulher dedicar-se integralmente ao lar e, assim, aos cuidados com seus filhos e marido, as mulheres negras eram solapadas por toda sorte de difamação no que diz respeito à sua honra, logo, é óbvio que uma entidade política preocupada efetivamente com as condições vulneráveis da população negra recomendasse que esta deveria assumir a configuração de uma família estruturada.

Até hoje, em nosso país, a ausência de estrutura familiar é um dos maiores problemas da população negra. De acordo com dados do IBGE, em 2010, 47,4% da população de São Paulo era chefiada por mulheres pretas e pardas, ou seja, nós temos mulheres que, além de cumprirem seu papel de mãe, são responsáveis pelos sustentos de seus lares.

A iniciação da sexualidade precoce também é alarmante quando falamos da população de mulheres negras no Brasil, de acordo com dados de um artigo acadêmico a respeito de gravidez na adolescência. As meninas mais pobres, frutos de lares desestruturados, compostos, majoritariamente, por mestiços, costumam ter o sonho de constituir família, contudo, tal sonho não sai conforme o idealizado e o resultado é a gravidez precoce aliada à responsabilidade de criar o filho sozinha:

> A partir da análise da realidade de adolescentes grávidas pertencentes a camadas sociais mais pobres, se percebe que elas caminham em direção contrária às teses que apontam a problematização da gravidez precoce, uma eventual gravidez não representa um problema para elas, isto é, não é um fator a ser evitado na adolescência. Esse pensamento, como apontado por Nunes, se dá pela ausência de expectativas para o futuro, associada à carência de políticas sociais e de projetos educacionais e profissionais que produzam a vontade de mudança de vida nessas meninas. Diante dessa realidade, a maternidade se apresenta como um ideal a ser alcançado, como uma forma das meninas obterem reconhecimento

> e valorização social, além de se tornar uma das poucas possibilidades de projeção de um futuro melhor e de mobilidade de classes (Costa; Freitas, 2021, p. 8).

Em busca de um futuro melhor e mais acolhedor, as meninas são cooptadas pela cultura hedonista feminista que nos cerca e acabam entrando em estatísticas da vulnerabilidade social que a esquerda, na verdade, fomenta, mas, com seu discurso mentiroso, diz combater.

Ainda temos os casos de rapazes negros que entram para o mundo do crime. Também fruto de lares desestruturados, eles encontram na criminalidade a promessa de dinheiro rápido e fácil e são seduzidos para a beira do abismo que é viver nesse mundo. Além disso, muitos meninos, que são demasiadamente jovens, veem em criminosos mais velhos uma figura paterna.

É evidente que tanto para a libertinagem feminina quanto para a criminalidade masculina há o fator individual e o domínio da própria vontade, além do caráter e dos valores que cada um deve ter; contudo, é importante ressaltar que a cultura fomentada pelo movimento feminista de libertinagem feminina compreendida como algo positivo, como sinônimo de liberdade, unida à cultura da bandidolatria, a qual também é endossada pelos esquerdopatas com argumentos da categoria de "vítimas da sociedade", corrobora para que o erro seja uma espécie de algo louvável.

A esquerda perverte a lógica e passa a chamar aquilo que é o vício, que deve ser combatido, de virtude, e dissemina nos meios culturais – jornais, novelas, séries, desenhos, filmes, bancos universitários e até mesmo igrejas – a ideia de que se um jovem não estiver com determinado comportamento vicioso é retrógrado, ou preconceituoso, ou desinformado, ou todas essas opções juntas.

E vão além: quando analisam a História e se deparam com iniciativas como a da FNB, que tinha como objetivo formar, em diversos aspectos, o negro brasileiro, para ele se tornar não apenas um bom cidadão, mas um ser humano virtuoso, a esquerda faz um linchamento da reputação do movimento e coloca uma quantidade infinita de adjetivações com o intuito de, mais uma vez, afastar a população negra de conceitos independentes.

Ainda vale mencionar que a esquerda, que tem como uma de suas "filósofas" Márcia Tiburi, a qual vê uma "lógica no assalto", acusa o Estado de promover genocídio da população negra, pois, de acordo com eles, as corporações policiais são sanguinárias e, durante as operações contra os criminosos, matam tendo como critério a cor de pele do sujeito. De acordo com tal pensamento completamente estapafúrdio da esquerda, quanto mais negros, maiores as chances de serem vítimas do suposto genocídio. Inclusive, essa mesma autora chegou a me citar em um de seus livros – cuja obra me recuso a fazer propaganda – como um exemplo de negro a não ser seguido, pois, de certa forma, eu teria sido dominado por um sistema opressor e por ele sou utilizado para propagar uma ideologia "fascista". Em outras palavras, é o reforço da senzala ideológica no meio acadêmico com o único intuito de demonizar pessoas negras que rejeitam essas sentenças que nos condenam pela cor de pele.

O que os marxistas omitem da grande massa de maneira proposital é que,

> em média, um policial foi assassinado – dentro ou fora do serviço – no Brasil a cada dois dias em 2020, segundo dados do Anuário do Fórum Brasileiro de Segurança Pública (FBSP). Ao todo, são 194 policiais, entre civis e militares. Destes, 121 eram negros, o equivalente a seis em cada dez (FBSP, 2020).

Isto é, como a motivação durante um confronto armado entre bandidos e policiais pode ser a cor da pele, ou seja, o racismo, se o policial sequer é branco, para compor a mentirosa narrativa de brancos *versus* negros? Como tal informação pode ser correta se temos uma realidade que nos mostra números alarmantes de policiais negros mortos? Como, para a esquerda, a lógica só existe no assalto, logo, fica impossível para eles responderem a essas perguntas.

Aliado à criminalidade que assola a população negra vem um dos maiores problemas que é cotidianamente negligenciado por governos brasileiros: a educação precária. O número de evasão escolar dos jovens entre 14 e 29 anos é de 71,7%. Mais à frente falaremos com mais atenção a respeito deste tema.

Se hoje, com a população negra brasileira em melhores condições em comparação às da República Velha, com os problemas sociais que afligem os negros estando relativamente mais brandos, ainda assim seria necessária uma FNB nos dias atuais, imaginem naquele período em que a vulnerabilidade social sobre a população negra era muito mais severa. Portanto, anacronismos feitos por marxistas sobre o movimento negro do começo do século XX são um completo desserviço e demonstram a desonestidade intelectual da esquerda.

A FNB ainda deu grande contribuição em dois excelentes aspectos para a população negra do país. A primeira é o jornal *A Voz da Raça*, que fez parte da chamada *imprensa negra* brasileira. A imprensa negra era composta por veículos de comunicação que apresentavam linha editorial dedicada às condições de vulnerabilidade social da população negra.

Os dirigentes e colunistas da imprensa negra eram negros ativistas políticos que utilizam os meios de comunicação para o debate público. É interessante que esta estratégia de ocupação dos espaços culturais é utilizada pela causa negra desde o movimento abolicionista no Brasil. É exatamente isso que propomos à direita: a guerra cultural. Precisamos ocupar espaços culturais para que a agenda de ideias seja incorporada nos espaços formais da política.

Fundado por Francisco Costa, no dia 18 de março de 1933, circulou a primeira edição d'*A Voz da Raça*, tendo como lema Deus, Pátria, Raça e Família – hoje considerado um mote "fascista" – a edição traz como manchete de capa uma coluna direcionada aos frentenegrinos e à população negra. No texto dedicado aos frentenegrinos, Arlindo Veiga dos Santos diz que

> para que possa alcançar, em época não distante, a satisfação dos seus ideais é necessária a mais devota e firme disciplina, condição única da

> vitória. Só vencem os batalhões disciplinados que acatam os chefes e, por isso, em ordem vão para o triunfo (*Id.*, 18 mar. 1933).

Ao final do texto, Arlindo Veiga dos Santos mencionou um dos cavaleiros do apocalipse para a esquerda: o cristianismo. Ele disse que: "daremos, todavia, tal demonstração de coragem, perseverança e retidão de caráter; faremos uma tal obra em nosso Brasil, que a glória e a fidelidade do negro brasileiro à civilização cristã hão de espantar toda a América" (*Ibid.*).

Para os marxistas, a religião é o "ópio do povo", mas não qualquer religião, somente o cristianismo. De acordo com eles, o cristianismo e a Igreja Católica são um dos responsáveis pelas opressões no mundo e pelo estado de alienação dos oprimidos, os quais não conseguem se dar conta da realidade e romper com os grilhões capitalistas. Para eles, Arlindo Veiga dos Santos seria a personificação da alienação negra, o homem negro dos "valores brancos", que, em seu estado de "alienação", influenciava a todos os outros negros para que também não se libertassem das opressões capitalistas e cristãs.

É curioso esse pensamento marxista porque ele ignora solenemente que o próprio Veiga dos Santos tinha uma série de críticas ao liberalismo, considerando-o um mal à sociedade brasileira e ao capitalismo. Além de o diagnóstico esquerdista ser equivocado, é racista por querer impor qual é o pensamento a respeito do negro que a população negra deve ter, o que é leviano por não se atentar aos posicionamentos políticos de Veiga dos Santos.

Isso acaba por demonstrar como que a senzala ideológica, além de ser um fenômeno comum frequentemente utilizado pela esquerda, é absolutamente ignorante, pois ignora as nuances das diversidades de ideias entre negros que não foram adeptos da cartilha marxista. Não importa se são mais liberais ou conservadores, monarquistas ou republicanos: serão sempre os renegados que merecem o desprezo social e, até mesmo, o racismo como presente. Por isso mesmo, essa senzala moderna encontra grande eco nas universidades, pois jovens negros acabam cedendo à pressão para não perderem o mínimo de convívio social durante as suas respectivas formações acadêmicas, algo que trataremos mais especificamente adiante.

A segunda grande contribuição da FNB, além das outras inúmeras já mencionadas anteriormente, foi a nova perspectiva da beleza da população negra. Como já vimos no início deste capítulo, as imagens estereotipadas da população negra eram todas pejorativas: os negros eram tidos como sujos, propagadores de doenças, com mentalidade infantil, portadores de intelectualidade inferior e com tendências à lascividade e à criminalidade.

Tais imagens negativas do negro foram construindo o imaginário da população geral por meio da cultura e criando um padrão de beleza responsável por colocar o sujeito negro como um leproso. Como o bom estava associado ao indivíduo branco, logo, o belo também estava. Este era mais um aspecto que culminava no perecimento dos negros brasileiros quanto ao aspecto subjetivo.

Para olhares mais desatentos ou cansados da deslegitimação das pautas raciais que é promovida pela esquerda, o tema "beleza negra" pode soar algo bobo ou de menor importância, contudo, é um aspecto de relevância, pois a forma como o indivíduo se enxergava afeta a sua autoestima e, com esta abalada, o resultado pode ser deixar-se levar por discursos vingativos e de autopiedade, a exemplo do que acontece com a militância negra contemporânea.

É evidente que não é agradável ter em vigor, na cultura de seu país, a ideia de que a sua natureza e aparência são inferiores e feias. Saber que é senso comum e (pseudo)científico que as características como cor de pele, textura capilar, traços faciais, biotipo do corpo são encaradas como mazelas sociais e têm impactos psicológicos na formação do sujeito negro.

Nesse sentido, é absolutamente repulsivo que, nos tempos atuais, tenhamos o que chamo de "tribunais raciais", instaurados nas universidades e nos concursos públicos – sob o nome de "comissão de heteroidentificação" – para determinar, pela aparência, se os candidatos inscritos nas cotas raciais são verdadeiramente negros. Ora, se durante séculos a luta dos negros foi justamente para que deixássemos de ser julgados por nossa cor, como pode agora a militância marxista lutar exatamente pelo oposto?

Peço perdão ao leitor, que pode achar confusas as minhas elucubrações entre o passado e o presente, mas há momentos em que essas reflexões saltam aos olhos. Contudo, voltemos à narrativa sobre o passado.

É neste cenário que a FNB passa a promover concursos de beleza negra. Em 13 de maio de 1934, por exemplo, celebrou-se o concurso de beleza "Rainha Negra de Jundiaí", organizado pela FNB em colaboração com os ativistas do Clube Recreativo 28 de Setembro.

A FNB também tinha símbolos que fortalecem a identidade de pertencimento dos seus membros, como bandeira, hino da entidade política e carteirinha de filiado. A carteirinha concedia tanto prestígio aos membros frentenegrinos que, ao apresentarem tal documento, os negros conseguiam, por exemplo, vagas de emprego com maior facilidade.

Em casos de racismo sofridos pelos frentenegrinos, a organização se reunia e procurava o indivíduo racista para informá-lo a respeito do processo que sofreria por discriminação, isto é, a FNB prestava assistência jurídica aos seus filiados. Vale lembrar que nesta época não havia leis contra o racismo.

Com a ascensão do ditador Getúlio Vargas ao poder, todas as associações políticas foram fechadas compulsoriamente. Na lista do ditador estava a Frente Negra Brasileira, que foi obrigada a encerrar todas as suas atividades, tanto enquanto instituição política quanto as atividades de seu jornal, *A Voz da Raça*.

Mesmo com toda a magnitude do trabalho da FNB, a relevância que a instituição teve na vida dos negros que estavam abandonados à própria (má) sorte, a promoção da educação e profissionalização deles, sua inserção no mercado de trabalho, a promoção da autoestima da beleza negra, com o incentivo aos bons valores e em perpetuar o ideal de moralidade à população negra, tudo isso é ignorado pelos ativistas de hoje por pura querela ideológica da parte dos marxistas.

É evidente que qualquer iniciativa no campo da política como um todo não será perfeita, afinal, a associação política nada mais é do que o ajuntamento de indivíduos que não são perfeitos, comungam da mesma base de valores e têm uma luta em comum. Contudo, o trabalho da esquerda com o movimento negro da vanguarda é de detratar o belíssimo trabalho empreendido pela FNB em pleno auge do racismo científico no Brasil.

Além de não construírem algo igual ou, pelo menos, semelhante em termos de benfeitorias à população negra, a militância marxista negra faz questão de tentar apagar os grandes feitos de negros do passado. Uma vergonha, mas não nos surpreende, pois nunca estiveram verdadeiramente preocupados com as questões sociais que acometem a população negra.

ESTADO NOVO E O CONVÍVIO ENTRE AS RAÇAS

A ditadura de Getúlio Vargas instaurou-se no Brasil entre os anos 1930 e 1945. O cenário internacional estava em efervescência, o mundo tinha acabado de passar pela Segunda Guerra Mundial, e os Estados Unidos estavam apresentando ao mundo como o preconceito racial e a segregação eram letais para a liberdade e o funcionamento de uma nação.

O mundo havia acabado de passar pelo trauma do holocausto, que, na prática, foi o ápice das ciências eugenistas: a extirpação de uma raça considerada inferior. Era o racismo científico aplicado na política, na cultura e em toda a sociedade, e que tinha ultrapassado todo e qualquer limite.

Além disso, o início oficial do movimento pelos direitos civis dos negros americanos se deu em 1954, quatro anos depois do famoso – e, para a esquerda, polêmico – relatório da Organização das Nações Unidas para a Educação, Ciência e Cultura (Unesco). Entre os anos de 1951 e 1952, a Unesco financiou pesquisas que tinham como objetivo investigar as relações raciais no Brasil.

O que motivou a pesquisa foi o fato de, apesar de todos os problemas de vulnerabilidade social que afligiam a população negra, o Brasil viver de maneira harmônica, isto é, não havia conflitos armados, guerras civis ou algo neste sentido entre os brancos e os mestiços brasileiros. Ao comparar a realidade brasileira com o cenário americano, fica evidente que o Brasil era infinitamente mais apto a ser um exemplo de convivência entre as raças.

O projeto Unesco iniciou-se em nosso país graças à iniciativa de Arthur Ramos (1903-1949), médico e antropólogo que enxergava o Brasil como um "laboratório de civilização". A ideia de Ramos era investigar para compreender a cultura étnico-racial de cada povo que vivia aqui no Brasil para então entender o espaço que cada um ocupava dentro da malha social brasileira. De acordo com ele

> só depois de realizadas séries inteiras de pesquisas desta ordem, poderemos nos aventurar a propor "interpretações" do Brasil, ensaios de conjunto ou planos normativos de ação, até agora reservados aos estudos impressionistas que podem ser muito interessantes, mas conduzem a generalizações apressadas e perigosas. [...] Do ponto de vista antropológico, não há uma "cultura" brasileira, mas "culturas" que só agora começam a ser estudadas e compreendidas. Ainda é cedo portanto para indagarmos do "caráter nacional" do seu *ethos*, em visões generalizadoras que lancem mão do critério histórico ou social (Ramos, 1948, p. 224).

As tais generalizações a que Ramos se referia diziam respeito às teorias do darwinismo social que floresceram na República Velha e fomentaram o racismo científico que se alastrou pela cultura brasileira, fato que mencionei em passagens anteriores deste livro.

O Brasil era um grande caldeirão de peculiaridades. A elite brasileira, em anuência com os republicanos, acreditava que o país não era modernizado por culpa da miscigenação massiva em nossas terras. O racismo científico endossa tal pensamento: o racismo contra negros, pardos, índios, pretos era acirrado e, ainda assim, não havia guerra ou algo que caminhasse para a tragédia da Alemanha Nazista.

Ao fim do projeto Unesco, o sentimento era de frustração por parte de alguns pesquisadores. Eles esperavam encontrar o paraíso racial no Brasil e, embora livre de guerras motivadas por raça ou genocídios, o racismo e as mazelas sociais existiam por aqui. Para o pesquisador da Unesco, Alfred Métraux (1952, p. 6-7), o Brasil era "um exemplo de país onde as relações entre as raças são relativamente harmoniosas", além de complementar com a seguinte conclusão: "seria um exagero [...] afirmar que o preconceito racial é ignorado".

Métraux mencionou, também, as questões que iam além da racial. Ao explicar a relação racial em São Paulo, por exemplo, ele citou o legado que o período escravocrata deixou sobre os ombros negros, uma vez que, sem assistência social alguma, e com o racismo científico tido como o *status quo* da sociedade brasileira, o negro encontrava-se em desvantagem em relação ao branco por questões educacionais, culturais e financeiras.

Com o fim da ditadura varguista, o cenário dos meios de comunicação começou a ressurgir. Uma série de novos periódicos se formaram, tendo como linha editorial o cenário político brasileiro. Nesta leva há um reavivamento da *imprensa negra* com novos jornais que debatiam as questões raciais em nosso país. De acordo com um deles, o *Senzala – Revista Mensal para o Negro*, o cenário das ações políticas prol negros estava em chamas:

> O ano de 1945 foi muito fértil na realização de congressos e convenções de partidos políticos. Mas, também, houve reuniões, congressos e convenções da raça negra. Bem ou mal-intencionados, os líderes negros de São Paulo movimentaram-se, fazendo reviver a luta que os nossos antepassados iniciaram com a campanha da Abolição (Lobato, 1946, p. 14 *apud* Silva, 2003, p. 218).

Embora em regime ditatorial e com a extinção compulsória da FNB, associações negras eram permitidas no varguismo brasileiro e a atuação política, mesmo que mais tímida em decorrência das circunstâncias, ainda era vista. Um bom exemplo foi a reivindicação da Associação José do Patrocínio, do estado de São Paulo, em 1941. Seus ativistas apresentaram: "uma documentação solicitando a proibição dos anúncios discriminatórios contra os trabalhadores negros. Seu pedido foi atendido quatorze meses mais tarde (Andrews, 1991 *apud* Silva, 2003, p. 219).

O clima que pairava sobre as pessoas era de animação com os possíveis novos rumos políticos que surgiam no horizonte de nosso país. Tal sentimento invadiu os corações dos militantes negros, que ainda lidavam com as consequências do racismo científico responsável por contaminar o imaginário e a cultura brasileira. De acordo com outro periódico negro, o *Alvorada*:

> É cedo, muito cedo mesmo para se tentar uma apreciação sociológica ou histórica do importante acontecimento que assinala o surto, ou melhor, o ressurgimento de livre associação do negro brasileiro, sufocado durante vários anos pela orientação política que jugulava a opinião pública do país. [...] Em São Paulo, como no resto do Brasil, o negro se movimentou com o objetivo de retornar ao trabalho pela conquista definitiva daquelas fundamentais, de cidadãos, através de verdadeiros planos de atividades que permitam a realização dos velhos anseios acalentados pela grande família. Está-se portanto no início de uma campanha formidável à qual se deve dar o caráter de uma revolução construtiva, no sentido social e político (Lobato, 1946, p. 1 *apud* Silva, 2003, p. 219).

O racismo era latente no Brasil, para se ter uma ideia, mesmo com leis permitindo o acesso do negro, ainda assim ele era proibido de fazer parte da Escola Militar, da Escola Naval e da Aeronáutica. A recém-nascida democracia brasileira trouxe, para os militantes da causa negra, novo fôlego para seus pulmões e enchia seus corações de esperança. Esta, por sua vez, era alimentada pela movimentação do cenário do ativismo negro:

> [...] naquele momento de abertura política, a cidade de São Paulo via ser criada a Cruzada Social e Cultural do Preto Brasileiro, o Centro de Cultura Luiz Gama e a Frente Negra Trabalhista. Outra organização fundada naquele período foi a Associação do Negro Brasileiro (ANB), uma das estudadas por Fernandes (1971) no projeto Unesco e por Andrews (1991). Também em São Paulo foram criados vários jornais, dentre eles, o *Alvorada*, o *Niger*, o *Novo Horizonte*, o *Mundo Novo*,

a *Tribuna Negra*, além da revista *Senzala* (Bastide, 1971; Andrews, 1991; Hanchard, 1988). Muitos clubes sociais que se espalhavam pelo interior do estado se fortaleceram a partir daí. Outra iniciativa foi a fundação do Teatro Experimental do Negro (TEN) de São Paulo, por Geraldo Campos, que, após conhecer Abdias Nascimento no Rio, levou-o para a capital paulista (Silva, 2003, p. 220-221).

Um dos problemas mais acentuados pelo racismo científico e que atrapalhava substancialmente a vida da população negra era a colocação no mercado de trabalho. Isso se dava, evidentemente, pelo cenário racial com diversos estereótipos negativos sobre a pessoa negra, mas também, principalmente, pela falta de preparo e qualificação da maioria desta população. É bom lembrar, caro leitor, que a maioria dos libertos pela escravidão permaneceu analfabeta e sem qualquer qualificação para funções mais complexas no mercado de trabalho, o que, com certeza, prejudicou a ascensão social.

Assim, é importante esclarecer e enfatizar que o cenário social, e não somente racial, foi fundamental para a exclusão do negro, algo que a esquerda frequentemente ignora no debate público. Pois se admitisse esta realidade sem contorcionismo, teriam que admitir, também, o fato de que brancos pobres passaram pelas mesmas mazelas quando eram desprovidos do mínimo de qualificação, o que dificultava o seu sucesso nas diferentes áreas profissionais. Mas esta, por exemplo, não foi a realidade de grande parte dos imigrantes europeus, os quais chegaram aqui entre o fim do século XIX e início do século XX. Estes, apesar de muito pobres e em situações sociais deprimentes, tinham recebido, em seus países de origem, o mínimo de educação qualificada que lhes permitiam alcançar bons empregos ou até mesmo o sucesso com suas criações empreendedoras, instrumentos dos quais a população negra não dispunha.

Você deve ter notado que essa reflexão nos demonstra que, atingir os problemas sociais que afligem a todos, independentemente da cor de pele, é realmente o grande desafio que precisamos mirar desde o fim da escravidão, mas temos falhado sucessivas vezes. Esta conclusão será essencial para analisarmos o cenário das cotas raciais no capítulo final deste livro.

O Brasil também passava por um momento de tentar encontrar a sua identidade, que veio desde a expulsão da família imperial. A pergunta "o que nos torna brasileiros?" era recorrente em estudos sociais e antropológicos. Como já mencionado diversas vezes neste livro, para a elite, a miscigenação era o que atrapalhava a nossa identidade. Para eles, precisávamos de uma nova formação de povo. Em resposta ao racismo, a militância negra propunha

> extinguir, anular, abolir o complexo de inferioridade (dos mais escuros); desmoralizar, esclarecer e purificar um falso complexo de superioridade (dos mais claros) para que, por processo educacional justo e perfeito, não haja mais no Brasil um negro ou branco, mas simplesmente brasileiro (Azevedo, 1952, p. 159 *apud* Silva, 2003, p. 222).

Um aspecto que chama bastante atenção ao analisarmos o movimento negro anterior e posterior à ditadura de Vargas é a ausência da ideia estapafúrdia de um "lugar de fala". Nas associações negras era permitido todo tipo de associado, independentemente de ser negro ou não, como é pontuado na *Quilombo* (ano I, n. 1):

> a União é apolítica, aceitando em seu seio homens de todos os credos políticos e religiosos. E os homens de todas as cores, inclusive brancos que estejam ligados aos morenos pelo sangue e que tenham sincera simpatia pela causa (Alves, 1948, p. 3 *apud* Silva, 2003, p. 223).

A União dos Homens de Cor dos Estados Unidos do Brasil – que falaremos mais adiante – por exemplo, tinha em seu estatuto:

> Daí depreende-se que a UAGACÊ não pretende estimular o preconceito de cor. Inversamente, até quer diluí-lo de todo, combatendo-o da melhor maneira possível, no entender de seus dirigentes: educando e instruindo o negro para que ele, uma vez capacitado a desempenhar melhores encargos, possa fazer vida social em comum com os brancos (Silva, 2003).

É claro que tal posicionamento também tinha como objetivo excluir qualquer tipo de represália ou acusação de segregacionismo, mas é interessante notar que os ativistas não tinham a característica da inflexibilidade, tão comum à militância negra marxista que agora nos cerca.

Ainda em termos de ativismo negro, uma das entidades políticas negras que ganhou bastante destaque no Estado Novo foi a União dos Homens de Cor, a UGC ou Uagacê (UHC). Na República Velha tivemos o grande movimento negro que protagonizou as lutas da população negra: a FNB. No Estado Novo, a UHC.

Em 1943, na cidade de Porto Alegre, foi fundada por João Cabral Alves a UHC dos Estados Unidos do Brasil, que tinha como objetivo "elevar o nível econômico e intelectual das pessoas de cor em todo o território nacional, para torná-las aptas a ingressarem na vida social e administrativa do país, em todos os setores de suas atividades" (Domingues, 2007, p. 27).

Sem influência católica ou defesa da volta da monarquia, a UHC é menos detratada pela militância negra dos dias de hoje e mais recordada pelos próprios ativistas marxistas. Teve relevante e importante atuação nos campos cultural e político formal.

Uma crítica bastante recorrente à FNB feita pelos marxistas é em relação à centralização de poder que havia na organização da entidade, a qual contava com presidência e um grupo de membros conselheiros. Já a UHC tinha organização mais difusa em termos de poder: o sistema burocrático das diretorias contava com um presidente e um secretário em cada município em que era instalada. Além disso, o corpo de membros era composto por diretores, tesoureiro, inspetores gerais, chefes do departamento de saúde e, claro, os associados. Por fim, havia uma diretoria geral que era em âmbito nacional e composta por seus fundadores.

O objetivo da UHC era se instalar em todo o território nacional. Para isso, se valia de uma estratégia inteligente e bastante interessante: eles utilizavam a organização política que já estava pré-estabelecida e organizada. Funcionava da seguinte maneira: a UHC articulava-se em convidar jornalistas, médicos, deputados, advogados e outros que já estivessem estabelecidos em suas profissões e ocupassem cargos influentes.

Assim, além de trazerem prestígio à própria organização política, a capacidade de atuação da UHC se ampliava, uma vez que tinham membros seus em vários espaços da malha cultural, ou seja, eles ocupavam esses espaços.

Tal qual outras entidades políticas negras, a UHC também possuía o seu próprio periódico – que se juntava ao time da *imprensa negra* – o *Nosso Jornal*, que tinha como linha editorial as mazelas sociais que atingiam a população negra e os princípios e projetos defendidos pela UHC. O jornal poderia ser impresso em todas as filiais Brasil afora, desde que respeitasse a linha editorial estabelecida pela diretoria nacional.

Outro ponto em comum com o ativismo negro da República Velha era a preocupação com o nível educacional dos negros, por isso:

> A UHC tem por finalidades manter moços e moças em cursos superiores, concedendo-lhes roupa, alimentação, etc. para que possam concluir os estudos [...]. E ampla campanha de alfabetização, de forma que, dentro de 10 anos não exista um único homem de côr que não saiba ler (Nosso Jornal, [s.d.], *apud* Silva, 2003, p. 227).

Embora alguns membros pertencessem à ideologia comunista, o que norteava os rumos da UHC não eram as ideias marxistas. Eles acreditavam que a forma de ascensão da população negra viria, primeiro, da extinção do analfabetismo desta população e inserção de negros em cursos superiores e profissionalizantes, a mentalidade liberal de escalada social. Demonstrando isso, você pode perceber que eles tinham consciência de que a superação da pobreza era uma barreira fundamental para a transformação desta realidade.

Outra estratégia interessante que a UHC adotou foi a de que cada membro associado que fosse alfabetizado tinha como responsabilidade tutelar outro membro que fosse analfabeto com o objetivo de ensiná-lo. Assim, com o tempo, todos os membros da UHC estariam alfabetizados.

Alvo de intensas críticas do movimento negro contemporâneo à FNB, a ideia de Deus, Pátria e Família também aparecia, de maneira mais sutil, nos objetivos da UHC. Em um de seus escritos, eles mencionam que "a UHC (com Deus pela Pátria e a família) tem finalidades assistenciais: construir casas próprias para famílias e residências coletivas para homens e mulheres" (Alves, 1948, p. 3).

É interessante essa proposta de propriedade privada para as famílias negras. É mais um ponto de discordância da militância marxista, já que esta, por sua vez, propõe o modelo anticapitalista como solução para o racismo no Brasil e adotá-lo inclui a expropriação da propriedade privada, ou seja, mais uma vez, os marxistas semeiam ainda mais caos em cima das vulnerabilidades sociais.

Outra mazela social que a UHC tinha atuação direta era a saúde da população negra. Tendo em vista a ausência completa de condições de tratamentos médicos, a UHC tinha uma espécie de sistema de saúde privado que propunha:

> "Assistência médica a todos os membros da União". A serem atendidos por profissionais especializados pertencentes à UHC, no qual em cada município deveria haver um médico ou cirurgião-dentista voltados aos membros da entidade. O estatuto, no entanto, deixa claro que estes voluntários deveriam "perceber honorários correspondentes aos serviços prestados". Afastava-se assim a visão de voluntariado ou assistencialismo. Era, isto sim, um sistema de previdência social a ser estabelecido como forma de suprir a ausência do estado (Silva, 2003, p. 228).

Além dos aspectos sociais, educacionais e na área da saúde, a UHC empreendeu grande esforço para a ocupação de espaço na política formal brasileira por meio de partidos políticos. O objetivo era que os membros conseguissem se eleger em eleições municipais e estaduais, assim, a agenda cultural da UHC seria implementada por meios políticos. Em 1950, por exemplo, o presidente da UHC do Distrito Federal foi eleito deputado estadual.

O entendimento da UHC era de que a agenda abolicionista – especificamente o projeto pós-abolição – não havia sido colocada em prática justamente porque não havia, na classe política brasileira, representantes de tais ideias; diagnóstico correto, uma vez que a própria abolição foi para frente justamente porque havia representação política. Assim, o interesse em cargos políticos não partia da premissa de representatividade marxista, mas de avanço e ascensão das ideias em prol da causa negra e do combate ao racismo.

Por meio do *lobby* político, a UHC ganhava adeptos em cargos importantes que ajudaram a dar mais prestígio à própria entidade política e a colocar em prática as crenças da organização. Contudo, com a chegada do ano de 1964 – que se iniciou com o combate ao comunismo e desembocou em uma ditadura que foi até a década de 1980 – houve novo fechamento de iniciativas políticas no Brasil e a UHC viu derreter o seu projeto político.

Após a crise do Estado Novo, que culminou em sua queda, outra organização política foi de imenso destaque: o Teatro Experimental do Negro (TEN). Em 1944, no Rio de Janeiro, fundado por Abdias do Nascimento (1914-2011), ele surgia com o objetivo de

> resgatar, no Brasil, os valores da pessoa humana e da cultura negro-africana, degradados e negados por uma sociedade dominante que, desde os tempos da colônia, portava a bagagem mental de sua formação metropolitana européia, imbuída de conceitos pseudo-científicos sobre a inferioridade da raça negra. Propunha-se o TEN a trabalhar pela valorização social do negro no Brasil, através da educação, da cultura e da arte (Nascimento, 2004, p. 210).

A motivação para o surgimento do TEN partiu do sentimento de angústia de Abdias do Nascimento após assistir, no Teatro Municipal de Lima, Peru, à peça *O Imperador Jones*, na qual um ator branco interpretou um personagem negro pintando-se de preto, prática popularmente conhecida como "*Black Face*". O fundador do TEN conta que o evento fez com que ele refletisse acerca do cenário racial do próprio país:

> Por que um branco brochado de negro? Pela inexistência de um intérprete dessa raça? Entretanto, lembrava que, em meu país, onde mais de vinte milhões de negros somavam a quase metade de sua população

> de sessenta milhões de habitantes, na época, jamais assistira a um espetáculo cujo papel principal tivesse sido representado por um artista da minha cor. Não seria, então, o Brasil, uma verdadeira democracia racial? Minhas indagações avançaram mais longe: na minha pátria, tão orgulhosa de haver resolvido exemplarmente a convivência entre pretos e brancos, deveria ser normal a presença do negro em cena, não só em papéis secundários e grotescos, conforme acontecia, mas encarnando qualquer personagem – Hamlet ou Antígona – desde que possuísse o talento requerido (Nascimento, 2004, p. 210).

Mais uma vez a pauta da representatividade negra vem à tona, novamente de forma legítima. Notem como Abdias do Nascimento chama atenção para o "desde que possuísse o talento requerido". O Brasil de população miscigenada não tinha em seus papéis artísticos o negro que interpretasse papéis variados assim como qualquer outro ator branco – este é o apelo. Como já dito anteriormente, o que temos hoje é a ocupação de espaço cultural por pessoas escolhidas a dedo pelos marxistas negros e a isso eles vergonhosamente chamam de "representatividade".

Abdias do Nascimento chama atenção para como o cenário cultural estava encharcado pelo imaginário do racismo científico, uma vez que nem mesmo as peças artísticas brasileiras retratavam o seu próprio povo miscigenado:

> Ocorria de fato o inverso: até mesmo um Imperador Jones, se levado aos palcos brasileiros, teria necessariamente o desempenho de um ator branco caiado de preto, a exemplo do que sucedia desde sempre com as encenações de *Otelo*. Mesmo em peças nativas, tais como *O demônio familiar* (1857), de José de Alencar, ou *Iaiá boneca* (1939), de Ernani Fornari, em papéis destinados especificamente a atores negros se teve como norma a exclusão do negro autêntico em favor do negro caricatural. Brochava-se de negro um ator ou atriz branca quando o papel contivesse certo destaque cênico ou alguma qualificação dramática. Intérprete negro só se utilizava para imprimir certa cor local ao cenário, em papéis ridículos, brejeiros e de conotações pejorativas (Nascimento, 2004, p. 209).

É evidente que, quando falamos de arte, estamos refletindo a respeito da liberdade criativa de pessoas das mais diversas etnias interpretando diversos papéis e, eventualmente, isso levará aos negros que retrataram escravos, como Jamie Foxx em *Django Livre* (2012) ou Chiwetel Ejiofor em *12 Anos de Escravidão* (2013), por exemplo. Não há problema ou algum tipo de mazela nisto. A questão que se coloca é que, principalmente na época de Abdias do Nascimento, o negro sempre era retratado partindo-se de estereótipos escravistas ou eugenistas – com mentalidade infantil ou débil.

Como vimos ao longo deste livro, mesmo em condições bastante adversas, o negro sempre construiu um excelente projeto político em suas articulações em prol da sua causa com o objetivo de se inserir na sociedade administrativa e política brasileira. Se o objetivo era incluí-lo na esfera social e política, por que não na esfera cultural artística?

A reivindicação de Abdias do Nascimento ia além da questão negra na representação artística. O ativista estava preocupado com a identidade brasileira de um modo geral, longe de influências europeias, ou seja, almejava que ela fosse uma arte independente responsável por mostrar o nosso povo e a sua capacidade de conceber boas criações:

> Devemos ter em mente que até o aparecimento de Os Comediantes e de Nelson Rodrigues – que procederam à nacionalização do teatro brasileiro em termos de texto, dicção, encenação e impostação do espetáculo –, nossa cena vivia da reprodução de um teatro de marca portuguesa que em nada refletia uma estética emergente de nosso povo e de nossos valores de representação. Esta verificação reforçava a rejeição do negro como personagem e intérprete, e de sua vida própria, com peripécias específicas no campo sociocultural e religioso, como temática da nossa literatura dramática (Nascimento, 2004, p. 210).

É imensurável a importância dos portugueses para o desenvolvimento da nossa nação, contudo, a nossa identidade brasileira estava alicerçada em outros pilares, além do português, e, em decorrência disto, havia a importância de se mostrar a pluralidade da nossa nação. Daí a decisão de se fundar o TEN:

> Naquela noite em Lima, essa constatação melancólica exigiu de mim uma resolução no sentido de fazer alguma coisa para ajudar a erradicar o absurdo que isso significava para o negro e os prejuízos de ordem cultural para o meu país. Ao fim do espetáculo, tinha chegado a uma determinação: no meu regresso ao Brasil, criaria um organismo teatral aberto ao protagonismo do negro, onde ele ascendesse da condição adjetiva e folclórica para a de sujeito e herói das histórias que representasse. Antes de uma reivindicação ou um protesto, compreendi a mudança pretendida na minha ação futura como a defesa da verdade cultural do Brasil e uma contribuição ao humanismo que respeita todos os homens e as diversas culturas com suas respectivas essencialidades (Nascimento, 2004, p. 210).

Embora utilizando o termo "democracia racial", do qual eu tenho discordância, a proposta do TEN levantou questões legítimas e pertinentes no que tange ao cenário racial brasileiro. Havia racismo no Brasil, fomentado pelo darwinismo social, havia cultura de subalternação do negro, alimentada pela ideia eugênica de inferioridade da raça negra, havia mazelas sociais e proibições estatais que impactavam diretamente a ascensão social do sujeito negro, contudo, não havia uma guerra racial expressa e, por vezes, algumas pessoas achavam que o Brasil estaria, portanto, livre de todo e qualquer problema advindo das raças que o compunham.

Por isso, a recepção da imprensa ao projeto TEN não foi das mais amistosas ou acolhedoras, de acordo com o próprio Abdias do Nascimento:

> Pela resposta da imprensa e de outros setores da sociedade, constatei, aos primeiros anúncios da criação deste movimento, que sua própria denominação surgia em nosso meio como um fermento revolucionário. A menção pública do vocábulo "negro" provocava sussurros de indignação. Era previsível, aliás, esse destino polêmico do TEN, numa sociedade que há séculos tentava esconder o sol da verdadeira prática do racismo e da discriminação racial com a peneira furada do mito da "democracia racial".

> Mesmo os movimentos culturais aparentemente mais abertos e progressistas, como a Semana de Arte Moderna, de São Paulo, em 1922, sempre evitaram até mesmo mencionar o tabu das nossas relações raciais entre negros e brancos, e o fenômeno de uma cultura afro-brasileira à margem da cultura convencional do país (Nascimento, 2004, p. 210-211).

Assim como as entidades negras políticas anteriores, o TEN estava atento às questões educacionais da população negra e se empenhou contra o analfabetismo:

> A um só tempo, o TEN alfabetizava seus primeiros participantes, recrutados entre operários, empregados domésticos, favelados sem profissão definida, modestos funcionários públicos – e oferecia-lhes uma nova atitude, um critério próprio que os habilitava também a ver, enxergar o espaço que ocupava o grupo afro-brasileiro no contexto nacional. [...] Cerca de seiscentas pessoas, entre homens e mulheres, se inscreveram no curso de alfabetização do TEN, a cargo do escritor Ironides Rodrigues, estudante de direito dotado de um conhecimento cultural extraordinário. Outro curso básico, de iniciação à cultura geral, era lecionado por Aguinaldo Camargo, personalidade e intelecto ímpar no meio cultural da comunidade negra. Enquanto as primeiras noções de teatro e interpretação ficavam a meu cargo (o próprio Abdias), o TEN abriu o debate dos temas que interessavam ao grupo, convidando vários palestrantes, entre os quais a professora Maria Yeda Leite, o professor Rex Crawford, adido cultural da Embaixada dos Estados Unidos, o poeta José Francisco Coelho, o escritor Raimundo Souza Dantas, o professor José Carlos Lisboa (Nascimento, 2004, p. 211).

Em agosto de 1945, no Teatro Municipal do Rio de Janeiro, foi encenada a primeira peça do time de atores do TEN. A escolha foi a obra que despertou Abdias do Nascimento para tal iniciativa: *O Imperador Jones*. À época, o jornal *O Globo* escreveu a seguinte crítica: "os negros do Brasil – e os brancos também – possuem agora um grande astro dramático: Aguinaldo de Oliveira Camargo. Um anti-escolar, rústico, instintivo, grande ator (Nascimento, 2004, p. 213).

Após a estreia do TEN, veio a segunda empreitada que o grupo precisa enfrentar: as peças disponíveis para encenação eram majoritariamente caricatas quando personagens negros eram interpretados, logo, havia uma crise criativa e um mercado de nova linha editorial a ser construído.

Tal qual a FNB e a UHC, o TEN também partiu para ações dentro da esfera política formal e criou o Comitê Democrático Afro-Brasileiro, que atuava

> reivindicando medidas específicas para melhorar a qualidade de vida de nossa gente. O objetivo imediato do comitê era o de inserir as aspirações específicas da coletividade afro-brasileira no processo de construção da nova democracia que se articulava após a queda do Estado Novo. O comitê era composto de um núcleo de negros ativistas a que se agregaram líderes estudantis, e seu local de reunião era uma sala na sede da UNE (Nascimento, 2004, p. 221).

Pela proximidade com a União Nacional dos Estudantes (UNE), organização política dos estudantes de viés marxista, o leitor já deve ter percebido que, embora importante no processo de luta por questões raciais, o TEN possuía vertente política mais à esquerda. Seguindo uma tendência americana da união entre marxismo e pautas raciais, o marxismo identitário no Brasil dava seus primeiros passos.

O TEN trouxe algo que os movimentos anteriores não fizeram ou fizeram em menor medida: a atividade em centros de pesquisas. Em 1949, o TEN criou o Instituto Nacional do Negro, que tinha como propósito ser um departamento de pesquisa acerca das questões raciais. Tal centro tinha como coordenador o sociólogo Guerreiro Ramos (1915-1982).

Outra iniciativa bastante louvável do TEN foi a criação do *grupoterapia*, com a missão de repovoar o imaginário da própria população negra a respeito de si mesma, uma vez que as imagens estereotipadas pejorativamente também atingiam os negros, os quais, muitas vezes, consideravam a si próprios uma raça inferior. Tendo isso em vista, em suas ações, o objetivo do grupoterapia

> era habilitar pessoas capazes de organizar grupos de teatro voltado para a conscientização racial e eliminação dos complexos emocionais da "gente de cor" nos morros, terreiros e associações específicas, utilizando o psicodrama – um método terapêutico que produz efeitos catárticos no indivíduo (Domingues, 2006a, p. 140).

O TEN viu o seu fim após 1964, já que o grupo foi acusado de "pregar o conflito racial". Em 1968, Abdias do Nascimento, criador do TEN, se autoexilou nos Estados Unidos, pouco antes do Regime Militar brasileiro decretar o Ato Institucional n. 5 (AI-5).

MOVIMENTO NEGRO CONTEMPORÂNEO: MARXISMO RACIAL

Ao longo da história do nosso país, observamos que o ativismo em prol da inserção do negro na cidadania brasileira era marcado pela pluralidade de pensamento. Neste presente livro apresentei três casos mais emblemáticos, porém a gama de coletivos negros e de jornais da *imprensa negra* é muito maior e não caberia dentro da proposta desta obra.

O movimento negro da vanguarda cultivava em seus corações um amor tão puro pela liberdade que as diferentes organizações políticas negras explicitavam isso. Da FNB, mais tradicional e religiosa, passando pela UHC, talvez intermediária entre ideias mais modernas e o tradicionalismo da FNB, ao TEN, muito mais inclinado às ideias mais à esquerda, o negro brasileiro tinha autonomia para escolher qual posicionamento político englobaria sua filosofia de vida. Esta característica foi tirada de nós justamente por aqueles que dizem nos defender: o movimento negro contemporâneo.

Para explicar como chegamos até aqui é preciso continuar na nossa linha do tempo. Em 1964 nós tivemos a investida militar. A grande questão é que, mesmo buscando afastar uma ameaça do comunismo, o Regime Militar cometeu um erro crasso ao escantear os espaços culturais. O que a esquerda cinicamente esconde é que, graças ao Regime

Militar, o comunismo pôde se entranhar em cada pedacinho da cultura do nosso país, inclusive nos movimentos sociais da população negra.

As universidades do país eram ocupadas pelos comunistas, os movimentos sociais eram ocupados pelos comunistas, e cada vez mais o movimento negro era contaminado pelas células cancerígenas do marxismo. Como você pode estar pensando agora, isso encontra reflexo ainda nos dias de hoje. Não é à toa que nosso meio acadêmico esteja infestado pelo pensamento único de simpatia pelo socialismo. Se o leitor já passou recentemente por uma sala de aula – especialmente em uma aula de Ciências Humanas – sabe do que estou falando.

Alguns ativistas achavam imprudente a união entre luta antirracismo e luta anticapitalista. Tanto militantes negros quanto militantes marxistas mais ortodoxos desejavam que cada um *ficasse no seu quadrado*, como diz o ditado. Já outros militantes políticos, também de ambos os grupos, passaram a construir o pensamento da teoria social de que o capitalismo, na verdade, era o responsável pelo racismo na sociedade brasileira e, assim, de acordo com esta tese, extinguindo-se o capitalismo e instaurando-se o socialismo, as demais opressões, incluindo a racial, seriam, consequentemente, extirpadas.

Após o período do Regime Militar, o país viveu, nos anos 1980, a chamada *redemocratização*. É aqui que as ideias do marxismo racial ganham força, valendo-se da narrativa de que a proposta marxista era o caminho da liberdade contra a opressão dos militares, isto é, a esquerda – que tem em sua origem a tirania – aproveitou-se de uma genuína opressão com o movimento revolucionário dos militares e se vendeu para a massa como o oposto. Contudo, obviamente, tudo não passou de uma mentira.

Processo semelhante aconteceu nas eleições presidenciais de 2022. O então candidato petista, Luiz Inácio Lula da Silva, usou como mote, em sua campanha para o cargo de chefe do Executivo, que, com a sua eleição, o Brasil voltaria ao regime democrático e extirparia o fascismo promovido pela gestão da direita, a qual, à época, era representada por Jair Messias Bolsonaro. É evidente que, neste caso, a esquerda sequer se valia de uma opressão legítima, uma vez que, diferentemente do Regime Militar, a gestão Bolsonaro nunca acenou para quaisquer medidas tirânicas, tampouco fascistas. E não somente isto: o governo Bolsonaro não só foi democrático como também buscou, nas Relações Exteriores, afastar o Brasil de regimes totalitários defendidos pelo outro candidato, como Cuba, Venezuela e Coreia do Norte, todos de tendência socialista.

Entretanto, tanto na experiência das eleições presidenciais de 2022, quanto na de redemocratização do nosso país, a esquerda fingiu ser o caminho para a liberdade e a democracia. E, por meio desta mentira descarada, ela ganhou e continua ganhando corações e mentes. Sem escrúpulos para serem tiranos e mentirosos, sem compromisso com os problemas reais do nosso país, apenas com a sede insaciável de poder, a esquerda age como o motor propulsor do mal.

Na caminhada do movimento negro, a maior entidade política que mais simboliza a junção entre pautas raciais e marxismo é o Movimento Negro Unificado (MNU). As primeiras faíscas do MNU foram no último período do Regime Militar, em 7 de julho de 1978, quando, na escadaria do Teatro Municipal de São Paulo, manifestantes – entre eles Lélia Gonzalez (1935-1994), feminista negra brasileira, e o nosso já conhecido Abdias do Nascimento – se reuniram em manifestação.

Surgia ali o Movimento Negro Unificado Contra a Discriminação Racial, depois rebatizado para apenas MNU, que, desde o princípio, deixou claríssimo qual era sua orientação política:

> No plano interno, o embrião do Movimento Negro Unificado foi a organização marxista, de orientação trotskista, Convergência Socialista. Ela foi a escola de formação política e ideológica de várias lideranças importantes dessa nova fase do movimento negro. Havia, na Convergência Socialista, um grupo de militantes negros que entendia que a luta antirracista tinha que ser combinada com a luta revolucionária anticapitalista. Na concepção desses militantes, o capitalismo era o sistema que alimentava e se beneficiava do racismo; assim, só com a derrubada desse sistema e a consequente construção de uma sociedade igualitária era possível superar o racismo (Domingues, 2007a, p. 121-122).

Trotskista foi o regime ditatorial encabeçado por León Trotsky (1879-1940), que esteve na Revolução Russa de 1917 e defendia o marxismo ortodoxo, isto é, o marxismo mais alinhado com as ideias defendidas pelo próprio Karl Marx. É importante salientar que tais ideias comunistas já partem de uma base ideológica que não vê problema na violência contra as pessoas que se opõem ao regime comunista.

O que eu quero dizer, caro leitor, é que, salvas as devidas proporções, o MNU já nasce comungando de valores cuja base ideológica tem como princípio extirpar os que são contrarrevolucionários, isto é, os que não concordam com o leque de ideias e ações dos marxistas. Embora não de maneira concreta, de certa forma, o que o MNU faz até os dias de hoje é "matar" os negros "contrarrevolucionários" que "ousam" não concordar com o regime racial por eles instaurado.

O curioso é que o primeiro ato público da MNU foi protestar contra a morte de Robson Silveira da Luz (1957-1978), trabalhador e pai de família negro, torturado até a morte no 44º Distrito de Guaianases, na cidade de São Paulo, ou seja, era um protesto contra a violência do braço coercitivo do Estado, contudo, se tivessem oportunidade, tendo como base as ideias que eles defendem, eles torturariam todos os seus dissidentes.

Outro elemento que compõe a equação "marxismo mais pautas raciais" é a influência dos negros norte-americanos aqui no Brasil. Os direitos civis norte-americanos foram conquistados pelos negros em 1964. Neste mesmo período o marxismo dos negros americanos estava em efervescência. Um bom exemplo disto é o Partido dos Panteras Negras – que personificava a violência armada.

Tanto os elementos acadêmicos quanto os culturais da militância negra norte-americana foram incorporados pelos militantes negros brasileiros – até os lemas eram os mesmos, como, por exemplo, o *All Power to the Black People*. O poder midiático dos negros marxistas norte-americanos era tão grande que a cantora Nina Simone (1933-2003), por exemplo, cogitou abandonar a carreira e se juntar ao movimento racial de luta armada.

Os pontos defendidos pelo MNU deixavam ainda mais claro de que espectro político o movimento partia:

> desmistificação da democracia racial brasileira; organização política da população negra; transformação do Movimento Negro em movimento de massas; formação de um amplo leque de alianças na luta contra o racismo e a exploração do trabalhador; organização para enfrentar a violência policial; organização nos sindicatos e partidos políticos; luta pela introdução da História da África e do Negro no Brasil nos currículos escolares, bem como a busca pelo apoio internacional contra o racismo no país (Domingues, 2007b, p. 114).

Podemos considerar que a ideia de que só é possível ser antirracista se for anticapitalista iniciou-se formalmente com o MNU. Aliás, o termo antirracista é da filósofa marxista e ex-membro do Partido dos Panteras Negras, Angela Davis. Autora da famosa frase "numa sociedade racista, não basta não ser racista. É necessário ser antirracista", Davis, em sua obra *Mulher, raça e classe* (1981), denuncia o racismo e o elitismo que sempre estiveram presentes no movimento feminista norte-americano. Embora o livro contenha uma boa pesquisa sociológica a respeito das relações raciais entre mulheres norte-americanas, a conclusão da autora é vergonhosa: de acordo com ela, só é possível combater o racismo se o capitalismo também for combatido.

Uma das primeiras grandes ações do MNU foi reverberar a difamação contra a princesa Isabel e o desprezo pela assinatura da Lei Áurea. O desdém é tão latente que o 13 de maio deixou de ser o dia da abolição e passou a ser o Dia Nacional de Denúncia Contra o Racismo, como se a abolição não fosse uma forma de combate ao racismo e se não tivesse havido militância negra anos antes do MNU no Brasil.

Reparem como o marxismo tem o *modus operandi* em semear o caos: a simbologia da abolição ia de encontro com a ideia da celebração da liberdade e da união racial em prol de uma pauta única. É evidente que não há problema em instaurar um dia em que se lembre de que há racismo no Brasil, de que houve uma fortíssima ascensão eugênica em nosso país, mas qual o propósito de ser justamente no 13 de maio? Qual o propósito de ressignificar a maior conquista social brasileira que foi a libertação dos escravos?

No começo deste livro mencionei a antropóloga Lilia Schwarcz, que, em sua coluna no jornal *Folha de São Paulo*, falou leviandades sobre o 13 de maio, o que nos mostra que, infelizmente, o plano de desmoralizar a família imperial brasileira e o movimento abolicionista dos membros do MNU funcionou.

Outra mudança no campo da simbologia foi a instituição do dia 20 de novembro como o dia da Consciência Negra. O dia 20 foi eleito em decorrência da figura de Zumbi dos Palmares, pois se cogita que tenha sido a data da sua morte. A influência de Zumbi de Palmares não pararia: o MNU fez dele símbolo de luta contra o racismo. Para os ativistas, o que Zumbi havia começado ainda não tinha acabado, por isso, aí residia a missão do MNU.

O cantor Jorge Ben Jor, em seu álbum "A Tábua de Esmeralda" (1974), homenageou Zumbi dos Palmares com a música "Zumbi". Em tom intimista, a letra da canção diz "eu quero ver quando Zumbi chegar! Zumbi é senhor das guerras. É senhor das demandas. Quando Zumbi chega, é Zumbi é quem manda". Neste clima de revanchismo, o MNU passou a celebrar e a incentivar toda a sociedade a fazer o mesmo.

Outra mudança estrutural na forma como a nova militância negra se organizava estava na esfera da religião. O cristianismo tornou-se o portador de todo e qualquer mal. De acordo com o historiador Petrônio Domingues

> se nas etapas anteriores o movimento negro era notadamente cristão, impôs-se a cobrança moral para que a nova geração de ativistas assumisse as religiões de matriz africana, particularmente o candomblé, tomado como principal guardião da fé ancestral (Domingues, 2007b, p. 116).

Se tem algo que é de foro íntimo é a religião e a fé de um indivíduo. O nível do autoritarismo do movimento negro contemporâneo é tão impressionante que eles querem mandar até mesmo em quê a sua fé e transcendência estão depositadas e, caso o negro não obedeça, imediatamente é tratado como o pior dos racistas que já pisou na face da Terra.

A cereja do bolo vem agora, meu querido leitor. O MNU e todos os outros movimentos negros contemporâneos partem da premissa de que a miscigenação é o algoz da população negra, como já tratamos brevemente algumas páginas atrás. Tal qual um eugenista, que parte do princípio de atribuir o atraso do desenvolvimento do país à degeneração da raça negra, o militante negro marxista acredita que, ao ser inserida no processo de miscigenação, a população negra sofre

> diluição da identidade do negro no Brasil. O mestiço seria um entrave para a mobilização política daquele segmento da população. Segundo essa geração de ativistas, a mestiçagem historicamente esteve a serviço do branqueamento, e o mestiço seria o primeiro passo desse processo. Por isso, condenavam o discurso oficial pró-mestiçagem (Domingues, 2007b, p. 116-117).

Sem deixar qualquer eugenista com inveja, os ativistas contemporâneos, baseados nessa ideia de prejuízo à raça negra que a mestiçagem causa, definem que os relacionamentos afetivos devem ser afrocentrados, isto é, as relações conjugais deveriam acontecer entre sujeitos negros (inclusive, mais recentemente, a militância tem usado o termo "palmitagem" para se referir a pessoas negras que se relacionam com pessoas brancas, estendendo as consequências da senzala ideológica também para o campo amoroso):

> Como contrapartida, defendiam os casamentos endogâmicos e a constituição da família negra. O homem negro teria que, inexoravelmente, casar-se com a mulher do mesmo grupo racial e vice-versa. Por essa concepção, os casamentos interraciais produziam o fenômeno da mestiçagem que, por sua vez, redundariam, no longo prazo, em etnocídio. O discurso nacional pró-mestiçagem era, assim, concebido como uma estratégia da classe dominante para provocar o "genocídio" do negro no país (Domingues, 2007b, p. 117).

É verdadeiramente impressionante como os esquerdistas não percebem (ou fingem não perceber) que a base epistemológica que defendem é a mesma dos eugenistas. Nos Estados Unidos, as ideias de relacionamentos afrocentrados resultaram em leis segregacionistas que proibiam o casamento inter-racial. Aqui no Brasil, embora infinitamente com menor apelo popular em relação aos Estados Unidos, também houve abertamente a defesa de casamentos entre pessoas da mesma raça com o objetivo de "extirpar" as *raças inferiores*.

O MNU ainda está em plena atividade no nosso país e, em 2023, comemorou 45 anos de existência. A Assembleia Legislativa do Estado de São Paulo (Alesp) foi o palco da comemoração. A "codeputada" do PSOL, Simone Nascimento, membro da bancada feminista em São Paulo, organizou a solenidade. Com a anuência da gestão pública, temos narrativas segregacionistas como a do MNU propagadas em nosso país. Não só isso: infelizmente, têm sido celebradas como exemplos de militância a ser seguida.

Atualmente, não só o MNU defende tais concepções acerca do suposto combate ao racismo, como, também, outras entidades políticas. Pior: o lema de Angela Davis emplacou – a opinião pública absorveu a ideia de que o combate ao racismo só existe se o indivíduo o fizer nos moldes do MNU, isto é, desde que seja anticapitalista e marxista.

Infelizmente, neste ponto, conservadores e liberais têm errado rudemente. A pauta racial (e outras pautas sociais) foram monopolizadas por narrativas à esquerda? Sem a menor sombra de dúvidas, os comunistas aparelharam cada pedaço do nosso sistema político e cultural. Contudo, nós não reagimos: deixamos a água passar debaixo da ponte. Pior: há entre nós um número considerável de pessoas que têm má vontade com tais questões e simplesmente ignoram a existência do problema.

O primeiro despertar para esses problemas surgiu apenas a partir do governo Bolsonaro, que desenvolveu programas sociais responsáveis por beneficiar amplamente a população mais pobre, como foi o caso do *Auxílio-Brasil* e o *Auxílio Emergencial* durante a pandemia. Além disso, as políticas de segurança pública que reduziram homicídios em todo o país de maneira histórica atingiram de forma positiva principalmente aqueles que sofriam com a violência urbana nas periferias das cidades, além de outras medidas nesse sentido. Antes disso, contudo, a esquerda nadava quase que tranquilamente nas discussões sobre esses temas no meio político.

Por fim, para a nossa tristeza, a educação também faz parte do campo de atuação dos ativistas negros marxistas. Agora, a preocupação deixa de ser a de se reverter o analfabetismo entre os mais vulneráveis da população negra e promover cursos profissionalizantes a fim de inseri-los no mercado de trabalho para se tornar ferramenta de doutrinação marxista no quesito raça: a revolução passa a ser ensinada nas salas de aula. E é justamente sobre isso que vamos começar discutindo no próximo capítulo.

CAPÍTULO III

EDUCAÇÃO: A MÁQUINA DE DOUTRINAÇÃO

Em nosso país, o problema educacional não é uma grande novidade para a nossa população e nossos governantes. Junto com a saúde e a segurança pública, a educação forma a tríade de principais dificuldades sociais que atormentam o Brasil. Estão lá em toda campanha eleitoral; em rede nacional, os nossos políticos prometem que resolverão tais questões e, a partir daí, o Brasil alcançará finalmente todo o seu potencial enquanto nação.

O objetivo deste capítulo não é entrar nos pormenores educacionais da nossa nação, mas passar um breve panorama do problema que temos nas mãos e, a partir disso, analisar a forma como os ativistas negros da vanguarda tratavam a formação intelectual da população negra, bem como os militantes contemporâneos a tratam atualmente.

A seriedade de análises a respeito da educação no Brasil pode ser medida a partir de um filtro muito simples: o reconhecimento do excelente trabalho dos Jesuítas em nossas terras. A primeira iniciativa educacional no Brasil aconteceu pouco tempo depois da nossa colonização pelos portugueses. Em 1549, chegaram às terras tupiniquins os primeiros membros da Companhia de Jesus, os Jesuítas. Passando-se sete dias da chegada, o grupo já havia aberto a primeira escola de ler e escrever do país e já alfabetizavam a população indígena.

Elencando mais uma difamação contra a Igreja e desrespeitando a história do nosso país, hoje em dia os jesuítas são acusados de terem imposto a cultura europeia aos nativos brasileiros e mais uma série de barbaridades que os marxistas gostam de difundir nos meios culturais afora. Contudo, a importância da Companhia de Jesus para o Brasil é inestimável.

Basta considerarmos a forma de ensino e o que ensinavam aos nativos para percebermos o nível de seriedade e comprometimento que os jesuítas tinham com a população indígena. O método pedagógico criado pelos jesuítas, *Ratio Studiorum*, foi o escolhido para ser aplicado no processo de ensino e consistia em ensinar com base em um currículo que dá inveja a qualquer estudante de universidade federal brasileira de hoje.

Os ensinos jesuítas consistiam na divisão de quatro currículos. O primeiro currículo, teológico, era formado por Teologia Escolástica, Moral, Sagradas Escrituras, Direito Canônico e História Eclesiástica. O segundo currículo, filosófico, tratava de Platão, Aristóteles e Santo Tomás de Aquino. O terceiro currículo, humanista, abordava Retórica, Humanidades, Gramática Superior, Gramática Média e Gramática Inferior. O quarto e último currículo, Interdisciplinar, como o nome já diz, era um currículo misto que conectava todos os conhecimentos dos outros três.

Os jesuítas, cientes da condição de ignorância de seus alunos, os indígenas, ofereciam alto nível de educação, e buscaram elevar a intelectualidade daqueles que estavam nas sombras do desconhecimento. No ápice da caridade e do comprometimento com o próximo, não os subestimaram, mas os nivelaram por cima, subindo a meta a ser alcançada. Infelizmente, tal fato é coisa rara na educação atual.

Hoje em dia, é difundido nos meios acadêmicos que o nível de ensino deve ser rebaixado ao nível de conhecimento prévio do aluno, que o professor em sala de aula não deve corrigir os erros de seus alunos e que não existe hierarquia de conhecimentos e poder dentro de uma sala de aula. Ora, se não há a necessidade de um mestre, um guia para conduzir os outros em novos caminhos do conhecimento, como avançaremos no processo de construção da intelectualidade?

O império da relativização promovido pela esquerda aprisiona o aluno à sua própria ignorância. Se o professor não pode instigar o aluno a elevar o próprio nível de conhecimento e não tem permissão para apontar em que ponto está o erro do aluno, é impossível que este saia do lugar, afinal, para adquirir algo é preciso, primeiro, que se reconheça que aquilo te falta. Logo, pergunta-se: como adquirir mais conhecimento se não há a percepção da própria mediocridade?

Talvez você seja um leitor mais crítico ao meu pensamento e deve estar se questionando se isso realmente é um problema na realidade cotidiana de uma sala de aula ou no desenvolvimento de políticas públicas para educação. Por isso, considero válido trazer um exemplo claro das tristes consequências dessas visões sobre educação. É o caso da chamada "progressão continuada", um nome chique para uma política pública que impede alunos de repetirem de ano. A ideia por trás disso é de que o estudante, ao repetir, sentiria-se "desestimulado" a continuar seus estudos. O resultado? Parece-lhe óbvio, não é mesmo? Todos os anos, formamos miríades de alunos com diploma na mão, mas que mal sabem ler e escrever: é o chamado "analfabetismo funcional".

Além disso, motivados pela ode à mediocridade e pela oportunidade de reescrever a história dos negros brasileiros usando as disciplinas de História e Sociologia das escolas, a militância contemporânea não limitou sua própria atuação somente aos campos sociais e emplacou a própria agenda na política formal brasileira por meio de leis.

No dia 9 de janeiro de 2003, foi promulgada a Lei n. 10.369, pelo então presidente Luiz Inácio Lula da Silva, petista, em sua primeira gestão como chefe do Executivo. A lei determinou que, a partir daquele momento, era obrigatório a inclusão da disciplina História da Cultura Afro-Brasileira no currículo da rede de ensino do país. O primeiro artigo da lei pontua que (Brasil, 2003):

> O conteúdo programático a que se refere o *caput* deste artigo incluirá o estudo da História da África e dos Africanos, a luta dos negros no Brasil, a cultura negra brasileira e o negro na formação da sociedade

> nacional, resgatando a contribuição do povo negro nas áreas social, econômica e política pertinentes à História do Brasil.

Talvez o leitor fique em dúvida em relação à pretensão da lei e, em um primeiro momento, acredite que ela não seja tão prejudicial, ou, pior, que haja boa intenção nela. Afinal, por que não ensinar a história dos povos negros no Brasil para nossas crianças? A grande questão é que não se trata disto.

O primeiro ponto é que, se a história da fundação da nação brasileira fosse contada corretamente nas salas de aula, não haveria necessidade de uma disciplina específica sobre o povo negro porque este, evidentemente, é alicerce fundamental na nossa construção econômica, política e fundamental. Se somos o Brasil, o somos graças ao conjunto da obra e da mistura racial.

As aulas dedicadas à História do Brasil são, na verdade, a encenação da luta de classes defendida nas teorias marxistas. Em vez de ensinar as nossas crianças sobre a magnitude do nosso país, sobre os nossos heróis e nossa riqueza cultural, nosso sistema educacional se dedica a criar a narrativa de "nós contra eles" colocando a família real no papel de vilão representando o "opressor burguês branco europeu capitalista malvadão" contra o "oprimido negro proletariado".

Desde a mais tenra idade, as crianças são doutrinadas por meio de mentiras e ensinadas a odiar a história da própria pátria e a desprezar movimentos legítimos, como a abolição da escravatura, e a ignorar seus verdadeiros heróis, como André Rebouças. Portanto, não há interesse em tirar as crianças da ignorância ou em valorizar a contribuição do negro para a nação brasileira, mas, sim, em criar cidadãos para servir ao Estado.

Como foi esmiuçado no capítulo anterior, a educação sempre foi a demanda central das diversas fases do movimento negro da vanguarda. O analfabetismo latente e a ausência de profissões na população negra sempre foram alvo de soluções eficazes por parte dos militantes, por isso, as entidades políticas ofereciam aulas de educação básica e cursos profissionalizantes.

A reivindicação de negros em cursos superiores também não é uma novidade trazida pelos militantes de agora. Aliás, há registros de que, em Porto Alegre, havia negros em universidades, conforme é pontuado na *Quilombo*:

> Convém destacar-se – e isso faço com satisfação – que o negro de Porto Alegre está sendo atacado de uma sede de elevação cultural que muito nos anima. Não é muito raro encontrar-se jovens pretos cursando as escolas superiores. E isso é indício muito significativo, uma recomendação para os negros da cidade (Fraga, 1949, p. 4).

É evidente que, antigamente, o ingresso nos cursos superiores era mais difícil, não só para o negro, mas para as classes mais baixas em geral, ainda assim, a premissa nunca foi de cotas raciais, mas de educação de base, de tirar a população negra do analfabetismo e capacitá-la para que, desta forma, possa vislumbrar um futuro melhor e mais próspero.

Além da Lei n. 10.369/03, o MNU é um dos agentes responsáveis pela instauração da lei de cotas raciais no sistema de ingresso das universidades públicas do país. Mas, antes de nos aprofundarmos sobre as cotas raciais, precisamos entender o panorama atual da educação brasileira.

A EDUCAÇÃO NO BRASIL

Além do modelo de educação dos jesuítas, voltado para a catequização e letramento da população indígena brasileira, havia a educação direcionada aos filhos dos colonos. Esta dicotomia entre os dois modelos tornou-se motivo de ataques de detratores do cristianismo.

A catequese era parte integrante do programa educacional orientado aos indígenas por um motivo muito simples e nada escandaloso (na verdade, escandaloso somente para os marxistas, que consideram a religião o "ópio do povo"): o ser humano é composto por alma e esta deve ser ensinada a respeito de sua própria transcendência (Sousa, 2024).

Além disso, a cultura indígena continha elementos bárbaros e incivilizados como canibalismo, que era praticado contra os inimigos que eram derrotados, e infanticídio de bebês recém-nascidos com algum tipo de deficiência física ou malformação. Os jesuítas precisavam ensinar o valor e a dignidade da vida humana, e a misericórdia e piedade com o outro. Que caminho melhor do que o cristianismo para isso (Jesus; Pereira, 2017)?

Por outro lado, os filhos dos colonos não cultivavam tais princípios, pois já vinham de uma cultura cristianizada. Em 1759, os jesuítas foram expulsos do Brasil pelo Marquês de Pombal (1699-1782) e o projeto educacional da nação foi interrompido. Sem a estrutura e dedicação dos jesuítas, o país ficou dez anos sem escolas.

Marquês de Pombal era iluminista e, portanto, avesso ao cristianismo, já que, de acordo com os iluministas, a tradição católica representava a *Era das Trevas* e da ignorância. Nada poderia ser mais falso do que tal afirmação, mas ela convenceu o Marquês, que iniciou um novo projeto pedagógico para o país.

Logo de cara o novo modelo de educação excluiu os indígenas da formação de aprendizagem. A responsabilidade de educar passou a ser do professor – funcionário da máquina estatal – e as disciplinas mudaram drasticamente, deixando para trás a formação com disciplinas de catecismo.

Em comparação com a obra pedagógica da Companhia de Jesus, os jesuítas foram muito mais exitosos em disseminar a alfabetização da população. Como eles tinham escolas estruturadas e um sistema metodológico de ensino muito mais robusto, o resultado era muito mais eficaz em relação ao modelo de Pombal, que contava com a estrutura da casa dos professores para que as aulas pudessem acontecer. Além disso, não havia sistematização das turmas tendo como crivo a idade das crianças, assim, havia uma tremenda confusão no processo de ensino.

Um ano importantíssimo para o nosso país foi 1808, pois foi quando a família real chegou ao Brasil. A presença de Dom João VI em terras tupiniquins trouxe uma série de modernizações ao país, inclusive na área da educação. Na comitiva que acompanhou a chegada da família real estava um navio com aproximadamente 60 mil livros. Tais livros viriam a formar o acervo da Biblioteca Nacional, no Rio de Janeiro.

Outro aspecto é que, a partir da presença da Coroa portuguesa no Brasil, foram criadas as escolas de ensino superior, com o objetivo de impulsionar academicamente a elite brasileira. Antes disso, a ordem da educação das classes mais altas era a de mandar seus filhos estudarem na Europa.

Com o objetivo de prestação de serviço à Coroa portuguesa, os centros acadêmicos de ensino superior estavam voltados para dois tipos de pedagogia: o ensino profissionalizante, isto é, ensinar uma profissão; e o ensino do serviço público, ou seja, a aprendizagem da burocracia estatal.

Os primeiros dois estados brasileiros a receberem as escolas de ensino superior foram a Bahia e o Rio de Janeiro. Na Bahia, em Salvador, inicialmente foram criados os cursos de Economia e Medicina. Em 1818, ainda na Bahia, o curso de Desenho Industrial passou a ser oferecido. No Rio de Janeiro, o curso de Medicina também era uma realidade, além dos ensinos de Química e Agricultura.

Ainda sob o comando da Coroa portuguesa, a educação passou a ter a gratuidade estabelecida. Em 1827 foi promulgada a primeira lei sobre educação que determinava que "em todas as cidades, vilas e lugares mais populosos, haverá as escolas de primeiras letras que forem necessárias" (Brasil, 1827). A grade curricular era composta por ensino de Matemática, escrita, leitura, História do Brasil e catequese.

Em 1834 foi criada a primeira escola Normal de Niterói, que tinha como foco a formação intelectual de professores. Ainda neste período, uma mudança importante transformou os rumos da educação no Brasil e está em vigência até os dias de hoje: o Ato Adicional determinou que a responsabilidade do ensino fosse fracionada entre os poderes, assim, "foi definido que o ensino elementar, o secundário e a formação de professores seriam de responsabilidade das províncias, e o ensino superior ficaria sob o guarda-chuva do poder central" (Azevedo, 2018). A partir de tal medida, o ensino havia sido descentralizado.

O golpe republicano de 1889 também rendeu mudanças na estrutura educacional do Brasil. Por meio do comando da figura do positivista Benjamin Constant (1836-1891), houve a implementação de nova reforma nas escolas de ensino superior, contudo, o restante do sistema e a educação de base não sofreram alterações.

O governo federal mantinha as escolas mais qualificadas, que eram destinadas aos mais ricos da sociedade, ao passo que as escolas municipais e com menor excelência acadêmica eram mantidas pelos governos estaduais e frequentadas pelas camadas mais baixas da malha social.

A dicotomia existente entre os níveis de qualidade escolar oferecida pelo governo passou a ser tema de debate no país. Como já refletido neste livro, os índices de analfabetismo eram uma realidade amarga para os brasileiros e, sem a atuação corajosa dos movimentos negros de vanguarda em desbravar o mar de preconceito racial e de mazelas sociais, a população negra estaria ainda mais em apuros.

Em 1920 foi fundada no Brasil a Associação Brasileira de Educação (ABE) com o objetivo de jogar luz ao debate da precariedade escolar do nosso país. De acordo com dados do IBGE, nos anos de 1900, por exemplo, havia 6.348.869 de analfabetos no país; a taxa de alfabetização era 35% da população, fora os que não declararam a própria situação; assim, o número de analfabetos poderia ser maior. No ano da fundação da ABE, os analfabetos somavam 11.401.715, ao passo que os alfabetizados, 6.155.567, isto é, novamente apenas 35% da população sabia ler e escrever.

Em 1930, na ditadura varguista, a educação ganhou novos rumos e se tornou uma forma de instrumentalizar as ideologias à esquerda por meio de escolas:

> Fruto da forte centralização nacional que marcou o período varguista, o sistema educacional seguia as orientações e determinações do governo federal. A autonomia dos Estados era bastante limitada e regulada. Em 1942, foi regulamentado o ensino industrial. No mesmo ano, surgem as escolas do SENAI, direcionadas, especialmente, às camadas mais pobres da população (Azevedo, 2018).

Com relação às escolas, o poder administrativo foi centralizado e o controle ideológico do que poderia ser ensinado aos alunos, para que estes, no futuro, viessem a ser os cidadãos do Estado, é basicamente como a educação no Brasil acontece até hoje.

Em lugar de escolas que deveriam estar preocupadas com o letramento do aluno, com o desenvolvimento da capacidade de interpretação textual e de fazer contas, de ter raciocínio lógico, as escolas estão se tornando verdadeiras fábricas de militantes marxistas. Isto é, além de não ensinar o domínio de técnicas de determinadas disciplinas, as escolas doutrinam.

Foi durante a Era Vargas que a educação ganhou o *status* de direito a todos na Constituição brasileira. Aqui cabe aquela velha discussão sobre direitos e deveres. O Estado decretou a obrigatoriedade do ensino público e das crianças serem matriculadas, mas a oferta estatal não estava focada no que é a educação de fato: a busca pela verdade. A obrigatoriedade também implica a limitação da liberdade dos pais a respeito da educação dos próprios filhos e coloca uma pedra no sapato de pais que optam pelo modelo *homeschooling*, por exemplo.

É evidente que o país naquele momento carece de atenção na escolarização e que medidas governamentais eram necessárias para o aumento da formação pedagógica da população. Contudo, as intenções da ditadura varguista, que prevalecem até hoje, não eram voltadas somente às vulnerabilidades sociais que a ausência de formação escolar causava à população.

Falar de educação no Brasil nos leva ao caminho inevitável em mencionar, tristemente, o nosso patrono, Paulo Freire (1921-1997). Conhecido por ser o educador dos oprimidos, Freire nasceu em 19 de setembro de 1921, em Recife, Pernambuco. Formou-se em Direito pela Faculdade de Direito da Universidade Federal de Pernambuco (UFPE) e, logo após a sua formação, partiu para as salas de aula para ensinar Língua Portuguesa, não exercendo sua profissão de formação.

Em 13 de abril de 2012, a Lei n. 12.612, promulgada pela então presidente petista Dilma Rousseff, declarou o (des)educador Paulo Freire como patrono da educação brasileira. Pensando bem, ao vermos a realidade educacional do Brasil, temos o patrono que merecemos.

Freire era, abertamente, ideólogo fanático do comunismo, e suas obras defendiam assassinos sanguinários, como Che Guevara (1928- -1967), sem o menor tipo de constrangimento. Seu livro mais famoso é a obra *Pedagogia do oprimido*. Publicado inicialmente em inglês, em 1964, teve sua primeira edição em português em 1975.

Logo no primeiro capítulo, "Justificativa do oprimido", Freire apresenta quem são os sujeitos oprimidos e a relação destes com os seus opressores para, assim, justificar a sua teoria de *pedagogia de libertação*. De acordo com Freire, a tal libertação na educação teria como objetivo tirar a venda dos olhos do oprimido, pois este, por sua vez, estaria em uma situação de opressão, mas não enxergava sua própria opressão.

Assim, a sala de aula, por meio do método da libertação *paulofreiriana*, mostraria ao oprimido as contradições na malha social em que o sujeito está inserido. A contradição à qual Paulo Freire se referia era a disparidade econômica: na mesma sociedade, pessoas muito ricas e pessoas morrendo de fome.

Paulo Freire acreditava que a visão de mundo dos que estavam em vulnerabilidade social deveria ser ampliada e tal ampliação só seria legítima se estes reconhecessem a luta de classes na qual estavam inseridos, isto é, a educação teria como função primordial promover a *transformação social*.

Ao receber tal educação libertadora, o indivíduo deve ter *senso crítico* em relação a ela, mas não só isso: o sujeito deve tornar-se, a partir dali, um crítico transformador, ou seja, deve querer mudar a realidade da sociedade opressora. A teoria de Freire ainda engloba a natureza do sujeito oprimido e do sujeito opressor.

Para Freire, a opressão estava relacionada com as classes sociais, ou seja, com a teoria marxista de antagonismo de classes. Aliás, é dessa teoria educacional de Freire que vem a sua famosíssima frase: "quando a educação não é libertadora, o sonho do oprimido é ser opressor" (Freire, 1987).

De acordo com ele, se o oprimido não é "ensinado" sobre a sua própria condição de opressão, ele não vai aspirar romper com ela em termos de estrutura de sociedade, isto é, revolucionar em sentido marxista, mas vai querer, no futuro, tornar-se mais um opressor, pois este foi internalizado pelo oprimido, já que, por sua vez, o opressor domina os campos ideológicos e, por meio deles, impõe os valores opressores.

Ainda vale mencionar o caráter extremamente coletivista – no sentido político da palavra – que o autor tinha. Para Freire, um dos elementos fundamentais para a pedagogia libertadora era a comunhão de valores entre os indivíduos, só assim as estruturas opressoras da sociedade seriam derrubadas.

O termo *educação bancária*, cunhado por Paulo Freire, vai dizer que os professores em sala de aula tratam seus alunos como depósitos, isto é, o conhecimento é apenas depositado e ele pode fugir da realidade. Como a hierarquia da sala de aula coloca o professor com poder sobre os alunos – ao que ele nomeia de *relação necrófila* –, o professor pode, por exemplo, dizer que a grama é azul e, ainda que o aluno saiba e veja que é verde, não poderá contestar.

É curioso Paulo Freire dizer isso e querer, ao mesmo tempo, ensinar luta de classes como expressão da realidade para os alunos usando os bancos escolares como método de doutrinação marxista, pois sabemos que o marxismo é justamente a inversão da realidade, é o império da mentira e da relativização.

Tendo como premissa a educação bancária opressora, o pedagogo propõe a horizontalidade do ensino nas salas de aula. Isso significa que *todos os saberes* devem ser levados em consideração, inclusive os dos alunos, ainda que o sujeito, na maioria das vezes, não tenha nada a ensinar; por isso mesmo que ele está na escola, afinal de contas. É comum vermos, por exemplo, aulas ministradas com os alunos dispostos em um círculo. Isto é resultado das ideias de Freire sobre a educação.

Outro aspecto em *Pedagogia do oprimido* é a defesa expressa da violência contra quem não concorda com a imposição da ditadura comunista. Freire defende que a educação é *biófila*, isto é, criado de vida, contudo, ele completa dizendo que a educação é biófila ainda que, para tal ação, seja necessário tirar as vidas que proíbem a biofilia.

Vamos analisar com calma a fala de Paulo Freire. Primeiro, ele parte do princípio de antagonismo de classes de Karl Marx, além de incorporar outros elementos da tese marxista, como *consciência de classes*, que Freire, em sua teoria, aplica como *consciência crítica*. Segundo, o educador diz que os alunos que não forem libertados pela educação não bancária, isto é, na verdade, uma educação doutrinadora de ideais revolucionárias marxistas, estão em estado de *alienação* e, por isso, forja a frase famosa sobre o opressor desejar ser o oprimido.

Por fim, Freire nos diz que quem não concorda com tais ideias, isto é, não é marxista, não merece o direito à vida, pois este estaria podando a potência da educação, que seria de gerar vidas. Isto mesmo, caro leitor: de acordo com a lógica do pedagogo, para gerar vidas, é preciso tirá-las. Não à toa Paulo Freire tinha Che Guevara como símbolo máximo da expressão do amor e possui uma escultura ao lado de Mao Tsé-Tung (1893-1976). Genocidas costumam gostar de genocidas.

Preste atenção como essa delonga sobre Freire é importante, pois, sempre que a direita buscou, nos debates públicos, trazer esses perigos incrustados nessa cosmovisão pedagógica, foi tachada de alarmista ou conspiracionista. Esse foi um, entre tantos outros pontos, levantados pelo saudoso professor Olavo de Carvalho quando a direita ainda engatinhava no Brasil. Olavo não apenas passou a alertar sobre os fundos ideológicos da pedagogia de Freire como também para sua absoluta farsa enquanto método de aprendizagem. Ele ironizaria na época a proclamação de Freire como patrono da educação no Brasil:

> Quem poderia ser contra uma decisão tão coerente com as tradições pedagógicas do partido que nos governa? Sugiro até que a cerimônia de homenagem seja presidida pelo ex-ministro da Educação, Fernando Haddad, aquele que escrevia "cabeçário" em vez de "cabeçalho", e tenha como mestre de cerimônias o principal teórico do Partido dos Trabalhadores, dr. Emir Sader, que escreve "Getúlio" com LH (Carvalho, 2013, p. 366).

Além da paixão de Paulo Freire pela transformação da educação em ferramenta da revolução comunista, ele também era tremendamente apaixonado por manter as pessoas na ignorância. No seu método de ensino, a correção ao aluno não era válida, pois este também tinha atuação no próprio processo de educação, já que ele também teria algo para ensinar.

Se Paulo Freire estivesse vivo veria que seu sonho se tornou uma realidade nas redes de ensino públicas e privadas do nosso país, já que as nossas escolas têm como *status quo* o marxismo e os alunos saem de lá completamente ignorantes sobre Língua Portuguesa, Literatura, Matemática ou Biologia, mas, com toda a certeza, eles sabem todos os jargões dos movimentos sociais progressistas e acham que são oprimidos pelo capitalismo.

Continuando nas mazelas que afetam o nosso cenário educacional, temos a péssima contribuição das teorias socioconstrutivistas. Socioconstrutivismo versa a respeito da ideia de que o conhecimento é construído em conjunto. Para eles, a razão, quando atua de maneira livre, resulta na construção das estruturas. Tais estruturas, por sua vez, constituem a totalidade do conhecimento. Deste modo, não há um universo de conhecimento objetivo a ser conhecido, mas uma autoestruturação da razão.

A cultura torna-se algo construído pelo próprio agente do aprendizado: o professor não pode transmitir o conteúdo para o aluno. Além disso, se a cultura é toda construída livremente, pois seria autorregulada pela própria razão, logo, qualquer coisa pode ser construída, qualquer tipo de narrativa, independentemente se tem ou não respaldo na realidade.

Para deixar ainda mais tangível para o leitor o tamanho da gravidade do assunto, trarei para o debate uma teoria social do sociólogo francês Émile Durkheim (1858-1917). Durkheim, em seu famoso livro *As regras do método sociológico*, descreve qual é o objeto de estudo da Sociologia: o fato social. De acordo com Durkheim, o fato social tem três características: ele é externo, geral e coercitivo. Um exemplo de fato social é o idioma de cada país, pois ele atinge a todos: ele é externo às pessoas e coercitivo, quem não usar o idioma de seu respectivo país não poderá se comunicar.

Agora, imaginem vocês a seguinte situação: colocar uma criança em sala de aula e simplesmente não a ensinar a gramática da comunicação da língua do próprio país da forma correta. Dizer a ela que a forma errada que ela fala e escreve está aceitável e que, com o tempo, ela mesma constrói o conhecimento a respeito do idioma. É completamente insano e fomenta a ignorância.

É o mais puro relativismo sendo colocado em prática. Os sujeitos que passam por este processo, no futuro, sequer saberão, ou não ligarão, para o que é certo ou errado, moral ou imoral, afinal, tudo é uma questão de perspectiva, de construção, de tempo, e assim por diante. E a busca pela verdade vai cada vez mais ficando escanteada e, desse modo, a educação cada vez mais vai se afastando do seu verdadeiro propósito.

OS PÉSSIMOS ÍNDICES DA EDUCAÇÃO BRASILEIRA

A educação brasileira é tristemente dotada de mais uma mazela: seus péssimos índices nos *rankings* educacionais internacionais. Pior: os países que ficam em melhores colocações têm investimento inferior ao nosso na educação, ou seja, o problema não é financeiro.

Em agosto de 2023, em cerimônia do lançamento do novo Programa de Aceleração do Crescimento (PAC), o então presidente petista, Lula, anunciou que, entre os anos de 2023 e 2026, a educação, a ciência e a tecnologia teriam o investimento de 45 bilhões de reais. Destes, 26,4 bilhões serão destinados à educação básica; educação profissional e tecnológica ficariam com 3,9 bilhões; e a superior com 4,5 bilhões.

A China, por exemplo, que ficou em primeiro lugar no *ranking* do Programa Internacional de Avaliação de Estudantes (PISA), em 2018, investiu 4,3% do PIB do país, ao passo que o Brasil, na 53ª posição, investiu 5,5% de seu PIB. O nosso país fica atrás de nações como Albânia, Cazaquistão, Azerbaijão, Uzbequistão e Kosovo (Schleicher, 2018).

Há, ainda, outros dados catastróficos da educação brasileira. Um levantamento feito em 2006 pelo órgão Todos Pela Educação apontou que:

> 34% dos alunos que chegam ao 5º ano de escolarização ainda não conseguem ler; 20% dos jovens que concluem o ensino fundamental, e que moram nas grandes cidades, não dominam o uso da leitura e da escrita;

> 97% dos estudantes com idade entre 7 e 14 anos se encontram na escola, mas o restante desse percentual, 3%, respondem por aproximadamente 1,5 milhão de pessoas com idade escolar que estão fora da sala de aula; para cada 100 alunos que entram na primeira série, somente 47 terminam o 9º ano na idade correspondente, 14 concluem o ensino médio sem interrupção e apenas 11 chegam à universidade; 61% dos alunos do 5º ano não conseguem interpretar textos simples. 60% dos alunos do 9º ano não interpretam textos dissertativos. 65% dos alunos do 5º ano não dominam o cálculo, 60% dos alunos do 9º ano não sabem realizar cálculos de porcentagem (Brasil Paralelo, 2022).

Se o problema não é a falta de dinheiro, embora nossos políticos adorem usar esse argumento nas campanhas para angariar votos, então, qual é o problema? A resposta é simples: a metodologia Paulo Freire e o domínio da esquerda no campo cultural.

A educação crítico-revolucionária, ou seja, a máquina de militantes marxistas, é unida ao preparo do aluno para o mercado de trabalho, logo, não há preocupação genuína em acumular conhecimentos, mas em estudar para conseguir emprego – o que é evidentemente legítimo – e para pensar como a cultura dominante quer que se pense, isto é, ser mais um cidadão que comunga das ideias revolucionárias marxistas, ainda que este não se dê conta do processo de lavagem cerebral que passou ao longo dos anos de formação.

Outra grande pedra no sapato da educação no Brasil é justamente aquela que se diz em defesa dela: o Ministério da Educação (MEC), que é o órgão responsável por direcionar toda a educação do país por meio de secretarias e conselhos de educação que se baseiam na Lei de Diretrizes e Bases da Educação – a LDB.

Fundado na ditadura de Vargas, o MEC já surgiu com viés revolucionário e é ocupado por indivíduos que são marxistas, logo, as medidas tomadas pela entidade vão no sentido da metodologia de ensino de Paulo Freire. Portanto, as direções que são dadas na educação pública e privada já saem de berços marxistas.

Absolutamente todas as escolas do país estão debaixo da tutela do MEC e as que não seguirem o que o Ministério impõe são consideradas irregulares, sequer sua existência é possível. O que eu quero dizer com isso, caro leitor, é que, se quisermos mudar o socioconstrutivismo educacional do Brasil, é preciso ocupar espaço dentro da máquina pública formal e construir um novo campo cultural.

Ainda temos o baixíssimo índice de leitura da população brasileira, inclusive entre os professores de escolas públicas e privadas, ou seja, o professor que está na sala de aula, e que, para a opinião pública, é mais responsável pela educação do seu filho do que você mesmo, não tem o hábito da leitura.

A pesquisa foi realizada pelo "Retratos da Leitura no Brasil", desenvolvida pelo Instituto Pró-Livro, Itaú Cultural e Ibope Inteligência, com dados de 2019 (Instituto Pró-Livro, 2019). O brasileiro tem uma média anual de 4,96 livros lidos por habitante. Desses, apenas 2,43 são lidos do começo ao fim. Os países em que as pessoas mais leem são a Finlândia, com 14 livros por ano, o Canadá (14) e a Coreia do Sul (10).

A metodologia da pesquisa, que constatou o baixíssimo índice de leitura do brasileiro, demonstra bem o nosso nível educacional. De 100 milhões de pessoas, 52% entraram na categoria "leitor". A grande questão é que o critério para ser considerado leitor é que o indivíduo tinha que ter lido ao menos um livro nos últimos três meses e essa leitura poderia ser inteira ou em partes.

Isso quer dizer que, se o sujeito leu dois parágrafos de um livro de qualidade duvidosa, a exemplo de um *Crepúsculo*, e depois disso nunca mais tocou em um livro, ele já é considerado um leitor. É impressionante o nivelamento por baixo que é promovido todo santo dia em termos educacionais no nosso país.

Os indígenas aprendiam Filosofia Clássica com os jesuítas, mas, para a esquerda, isso era "opressão". Agora, nas nossas escolas, as crianças são minirrevolucionárias e ignorantes, e isso é considerado progresso. Como diz Caetano Veloso na canção "Sampa" é "o avesso do avesso do avesso". O sistema de ensino brasileiro produz, ainda, mais uma ilustre figura:

o "analfabeto funcional". Este é aquele sujeito que lê e simplesmente não consegue compreender e interpretar aquilo que acabou de ler. Quer dizer, depois de o aluno passar pelo turbilhão que é o ensino nas escolas, ele não consegue aplicar o que, supostamente, aprendeu em mais de dez anos em bancos escolares.

Eu poderia dedicar um livro inteiro às mazelas educacionais do nosso país, mas quero chamar atenção somente para mais uma: a evasão escolar de jovens negros. O número é alarmante e, curiosamente, não chama atenção das feministas que dizem pesquisar "gênero", mas consideram como tal gênero somente as mulheres.

Um levantamento realizado em 2019 pela Pesquisa Nacional por Amostra de Domicílios (PNAD) mostrou que, de 10 milhões de jovens entre 14 e 29 anos que abandonam o estudo, 71,7% são negros (IBGE, 2023). O gigantesco número de jovens sem educação os coloca em desvantagem no mercado de trabalho formal, além de atrapalhar substancialmente que estes alcancem o ensino superior.

O aluno negro de periferia ou favela tem que lidar com a pobreza, a violência, a cultura da exaltação da criminalidade e da libertinagem como estilos de vida exitosos, a necessidade de trabalhar o quanto antes para complementar a renda em casa, além de outros problemas similares. Quando ele consegue se inserir na escola de ensino básico, encontra um ambiente que proporciona o emburrecimento e a doutrinação.

Eu mesmo fui elemento desse processo, pois cresci na periferia de São Paulo e estudei toda a minha vida em escolas públicas. O leitor, então, talvez se pergunte como não sucumbi à cartilha de esquerda, e posso afirmar com uma certeza inabalável de que isso só foi possível graças à internet e às redes sociais, que passaram a ser canais de disseminação de debates e ideias divergentes. Foi por estes meios que passei a perceber as lacunas no ensino e até mesmo a obter conhecimento suficiente para debater com professores em sala de aula. Mesmo com a formação precária de profissionais da educação, a infraestrutura sofrível das escolas e outras mazelas, foi possível encontrar um caminho. Contudo, para a esquerda toda essa gama de problemas complexos pode ser resolvida com elas: as cotas raciais.

AS PREMISSAS EQUIVOCADAS DA LEI DE COTAS

A lei de cotas raciais para o ensino superior no Brasil surge a partir de algumas premissas. Cabe, aqui, esclarecer duas das principais: *racismo estrutural* e *dívida histórica*. Sem dúvidas, são as que vêm causando grande estrago no debate racial por não serem a representação da verdade.

O termo racismo estrutural foi introduzido na literatura acadêmica brasileira pelo professor e atual ministro do Ministério dos Direitos Humanos na gestão do terceiro mandato de Lula. Fruto de sua tese de doutorado, *racismo estrutural* versa a respeito de uma teoria social sobre as relações raciais no Brasil. Contudo, é importante esclarecer (ou seria "escurecer"?) que não pretendo, aqui, me debruçar sobre a teoria do ministro, pois isso demandaria tempo e análise de outros autores e conceitos. Portanto, focaremos apenas na essência de suas contradições no desenvolvimento da tese.

Antes de avançarmos e irmos às incoerências do livro, preciso esclarecer para o leitor uma questão técnica da academia, mas que fará toda a diferença na análise. Dentro das Ciências Humanas, o nosso objeto de estudo é, evidentemente, o ser humano. O fenômeno social é protagonizado pelo ser humano e este, por sua vez, é complexo, o que torna o fenômeno social complexo também. Assim, a precisão dos estudos de humanidades é bastante reduzida, porque repentinamente o indivíduo pode tomar novas decisões e mudar os rumos da sociedade.

Outro aspecto importante que deve ser levado em consideração é que, quando temos uma tese social, o pesquisador tem como obrigação ir até a realidade e analisar se esta dá respaldo à hipótese por ele levantada. Para ficar mais tangível para o leitor: se eu, enquanto pesquisador das humanidades, inaugurar a hipótese de que a chuva é verde, imediatamente tenho como dever moral de pesquisador verificar na esfera da realidade se, de fato, a chuva é verde e, a partir disso, comparar com a minha suposição e concluir se a minha suposição obteve respaldo na realidade ou se ela está refutada.

Jamais a minha hipótese a respeito de algum fenômeno social pode ser enfiada goela abaixo sem comprovação na realidade. O movimento nunca deve ser o de forçar a realidade a se encaixar nas suposições dos pesquisadores das áreas de Humanas e, se isso ocorre, temos a manipulação da realidade e a concepção de projetos de engenharias sociais.

É exatamente isso que ocorre com o racismo estrutural: não há respaldo na realidade. Cabe esclarecer que é evidente que existe racismo no Brasil até os dias de hoje e que tal mazela vem da herança dos períodos de escravidão e dos anos de forte eugenia em terras tupiniquins. Contudo, existir racismo não significa dizer que ele é o racismo estrutural. A opinião pública, como reflexo do aparelhamento esquerdista, tem tomado o racismo estrutural como sinônimo de racismo e isso é extremamente falacioso.

Logo nas primeiras páginas de seu livro, Silvio Almeida explica que, além de sua obra ser uma teoria social, ele não pretende definir o conceito do que é o racismo estrutural e, mesmo não definindo, parte da premissa de que o racismo na sociedade sempre é estrutural. Ou seja, ele fez um "não conceito" e, a partir dele, decretou que toda e qualquer manifestação de racismo é racismo estrutural.

Silvio diz:

> trata-se, sobretudo, de um livro de teoria social. Neste sentido, há duas teses a destacar: uma é a de que a sociedade contemporânea não pode ser compreendida sem os conceitos de raça e de racismo. Procuro então demonstrar como a filosofia, a ciência política, a teoria do direito e a teoria econômica mantêm, ainda que de modo velado, um diálogo com o conceito de raça. A outra tese é a de que o significado de raça e racismo, bem como suas terríveis consequências, exige dos pesquisadores e das pesquisadoras um sólido conhecimento de teoria social (Almeida, 2020, p. 15).

Além disso, com a sua teoria social, Almeida tem como objetivo superar a teoria do racismo institucional. Esta, por sua vez possui definição conceitual, isto é, o autor fez o que se espera de qualquer pesquisador e definiu o termo. Ora, como superar uma teoria social com outra que sequer conceito apresenta?

De acordo com as pesquisadoras Geisiane Freitas e Patrícia Silva (Freitas; Silva, 2023):

> como dissemos anteriormente, estudamos o livro esperando encontrar uma teoria de racismo estrutural. Mas encontramos uma petição de princípio. A teoria do racismo estrutural possui um caráter mais retórico do que científico. Uma teoria social precisa oferecer algum grau de compreensão que justificaria ou explicaria os casos de racismo. Isso só poderia acontecer com a clareza do que o autor está chamando de estrutura. A existência de discriminação racial não pode explicar ou justificar os casos de discriminação racial. Consegue perceber a circularidade desse raciocínio? A sociedade está sendo julgada por sustentar uma estrutura fundamentalmente racista. No mínimo é necessário identificar quais são os ideais – e não somente as práticas – que condicionam a tal estrutura (da qual o autor abriu mão de nos dizer o que é).

Além de não ter conceito e não sabermos o que é o racismo estrutural, tal teoria tem como força motriz o anticapitalismo, pois "passou-se a sugerir, implícita ou explicitamente, que o antirracismo é dependente ou consequente do movimento anticapitalista" (Freitas; Silva, 2023). Quem mesmo é o autor anticapitalista? Ah! Ele! Karl Marx!

Silvio Almeida deixa nebulosa essa questão do anticapitalismo no livro *Racismo estrutural*, ainda que, no capítulo sobre Economia, os germes marxistas constem por ali, mas, no livro *Marxismo e questão racial*, Almeida escancara que a teoria social do racismo estrutural não passa de uma teoria de classes com a categoria "raça" adicionada.

E, embora com erro crasso, academicamente falando, Silvio Almeida conseguiu o que queria: tornou senso comum a ideia de que o racismo é o racismo estrutural e que não há outra possibilidade de reflexão ou que é um consenso dentro da academia.

Pior: todo aquele que tenta debater relações raciais no Brasil e iniciar com a explicação do porquê o racismo não é estrutural tem o seu discurso e anos de estudos deslegitimados, além de ser marginalizado em centros acadêmicos ou na mídia. O que nós temos é um "não conceito", uma mentira norteando a sociedade.

A coisa ficou tão séria e feia que até mesmo o Supremo Tribunal Federal (STF) já tomou decisões jurídicas tendo como marco teórico o racismo estrutural. O caso aconteceu de maneira totalmente absurda desde o começo. Em 2022, um vereador de Curitiba/PR, o petista Renato Freitas, invadiu a paróquia Nossa Senhora do Rosário, por volta das 17h, logo após a missa. Acompanhado de dezenas de pessoas que estavam com bandeiras do Partido dos Trabalhadores (PT) e do Partido Comunista Brasileiro (PCB), o vereador invadiu a igreja gritando "fascistas" e "racistas", ou seja, além de invadir um templo sagrado, ainda imputou crime a todos que estavam no local.

Durante a invasão, Freitas fez um discurso e mencionou que tal protesto absolutamente violento era em decorrência da morte de dois rapazes negros, Moïse Mugenyi e Durval Teófilo, e que o fato estava atrelado aos católicos – que absolutamente nada tinham a ver com o caso – e com ele, o racismo estrutural.

Ainda em 2022, o vereador se elegeu deputado estadual – o que mostra como as ideias de Freitas têm ressonância na sociedade, infelizmente – e, por conta da invasão que ele fez na igreja, a qual configura quebra de decoro, teve sua candidatura indeferida. Contudo, sete dias depois, o ministro do STF, Luís Roberto Barroso, restabeleceu o mandato de Renato Freitas e anulou a resolução que havia decretado a cassação. O argumento? Racismo estrutural.

De acordo com Barroso:

> A cassação do vereador em questão ultrapassa a discussão quanto aos limites éticos de sua conduta, envolvendo debate sobre o grau de proteção conferido ao exercício do direito à liberdade de expressão por parlamentar negro voltado justamente à defesa da igualdade racial e da superação da violência e da discriminação que sistematicamente afligem a população negra no Brasil (STF..., 2022).

O ministro completa que "sem antecipar julgamentos, é impossível, no entanto, dissociar o ato da Câmara de Vereadores de Curitiba do pano de fundo do racismo estrutural da sociedade brasileira" (STF..., 2022). Isso mesmo: para o ministro do STF, o advogado de defesa de Renato Freitas e boa parte da imprensa brasileira, o caso foi de racismo estrutural e não de um homem que vilipendiou um templo sagrado para os católicos.

É como se o conceito de racismo estrutural se transformasse em uma espécie de salvo-conduto para toda pessoa negra brasileira, o que em si mesmo é uma visão absolutamente racista, pois elimina da equação o potencial de discernimento de um ser humano, imputando a todos os seus atos a simples consequência de um ambiente "estruturalmente racista" que a formou. Em outras palavras, é como se o negro, por ser negro, se tornasse inimputável. Não sei você, caro leitor, mas isto me revolta.

Quando chamamos atenção para um conselho antigo do professor Olavo de Carvalho, de que devemos ocupar os meios culturais para conquistarmos os meios políticos, é a casos como o de Renato Freitas que estamos nos referindo.

O meio cultural já estava encharcado da ideia equivocada de racismo estrutural. O professor Silvio Almeida está há anos gestando suas teses nos bancos da academia, e qual é o resultado? Além do cargo de ministro concedido ao autor, ministros do STF estão endossando teorias confusas, além de narrativas marxistas e revolucionárias.

Aliada ao argumento do racismo estrutural está a narrativa da *dívida histórica*. Esta, eu diria, é um conceito mais antigo e amplamente utilizado pelo movimento negro no Brasil e nos Estados Unidos. De acordo com os militantes negros esquerdistas, a escravidão deixou consequências na vida do negro que são reverberadas até os dias de hoje. Como vimos no decorrer deste livro, o projeto pós-abolição foi interrompido pelo golpe republicano de 1889 e os negros recém-libertos do regime escravocrata ficaram entregues à própria sorte, a qual não era das melhores.

O cenário de ciências eugenistas estava a todo vapor e fomentando a cultura de subalternidade da população negra, que, por sua vez, se aliou aos outros problemas que atingiam os negros, como pobreza, analfabetismo, doenças e desemprego. O negro tinha que lutar contra problemas sociais e o estigma racista que pairava sobre ele.

Seria falso dizer que tais precariedades não solaparam a população negra e que não seria um dos motivos dela ser maioria entre as classes mais baixas do país, contudo, não há como fazer uma linhagem genética direta que comprove que, necessariamente, todo negro de hoje que mora em uma periferia ou favela é, dentro da árvore genealógica, descente direto de uma linhagem de negros que, no passado, foram escravos.

Há um episódio engraçado a respeito deste tema que elucida bem meu argumento. A filósofa marxista Angela Davis – que foi militante do Partido dos Panteras Negras e fugitiva do Federal Bureau of Investigation (FBI) na década de 1970 sob acusação de assassinato – fez um exame com o objetivo de descobrir sua ancestralidade.

O resultado do teste foi feito em um programa de TV norte-americano e, para a surpresa de muitos, Angela Davis descendia da tripulação do navio Mayflower, que foi composto pelos Peregrinos que saíram da Inglaterra para o Novo Mundo e colonizaram a América no século XVII. Assistir à reação da militante marxista ao teste de ancestralidade é algo extremamente divertido. Ela descobre, ao vivo, o que nós sempre falamos: a miscigenação é real e não tem como ter uma "linhagem pura" de negros. Lembrando que este caso ocorreu nos Estados Unidos, país em que o processo de miscigenação e integração foi bem menor se comparado ao mesmo processo ocorrido no Brasil e com uma forte intensificação nas primeiras décadas do século XX.

O que eu quero dizer com isso é que, portanto, fica impraticável calcular quem é descendente direto de alguém que foi escravo e, mais, é improvável, em termos brasileiros, que as famílias de negros de hoje em dia sejam totalmente compostas somente por negros. Tal feito já era improvável durante os anos de escravidão que já contavam com casais das variadas etnias que habitavam o nosso país.

Outro aspecto equivocado no argumento da dívida histórica é: como quantificar uma vida negra que foi ceifada no período escravocrata?

Como quantificar a opressão real e cruel de ser escravo? Como quantificar e explicar um escravo que possuía escravo? Como reparar coletivamente um problema que atingiu a todos os negros, mas que a dor foi sentida de maneira individual? A complexidade do período escravocrata brasileiro simplesmente não permite que tais perguntas tenham respostas.

Agora vem a parte que parece uma piada de mau gosto, mas que, nas cabeças esquerdistas, têm sentido: por que propor uma vaga na universidade seria uma forma de pagamento de um problema tão doloroso e grande? Como é que o grupo que argumenta sobre as consequências da escravidão e da perversidade do período é o mesmo grupo que propõe uma vaga na sala de aula de universidades federais que sequer produzem qualitativamente ciência como reparação para os negros? Assim, por essência, as cotas raciais já demonstram o primeiro desrespeito com o negro por meio do próprio argumento que as funda.

Além disso, passados 135 anos da escravidão, embora seja pouco tempo quando se olha pela perspectiva civilizacional da humanidade. Do ponto de vista do tempo de vidas humanas individuais que foi passando, o hiato é muito grande para tentar algum tipo de reparação neste sentido. É muito mais eficaz que a atenção dada à população negra seja direcionada por meio dos problemas que a afligem agora, não apegados à premissa da escravidão do passado.

O que quero dizer, portanto, e deixar claríssimo, é que existem, sim, consequências da escravidão na sociedade contemporânea brasileira, existem, sim, problemas de vulnerabilidade social que atingem os negros desde o golpe republicano, existe, sim, racismo no Brasil e um estigma que paira sobre o negro, entretanto, medidas como empregar cotas raciais no sistema educacional coloca o negro em posição de inferioridade, humilhando-o.

Esse problema, inclusive, já foi levantado por Thomas Sowell antes mesmo de as cotas raciais se tornarem um programa universal no Brasil. Ao analisar o resultado de políticas afirmativas em diversos países, no seu livro *Ações afirmativas ao redor do mundo,* Sowell nos alertava para a intensificação das tensões raciais que essas políticas geraram principalmente nos Estados Unidos.

Mascarar questões sociais com cotas raciais fingindo que há problemas sérios na educação de base, na moradia do negro, que está em locais mais violentos e sem saneamento básico, ou desprezar o empreendedorismo ensinando ao negro a enxergar o mundo pelo viés marxista, endossa a condição precária do negro em vez de ajudá-lo.

COTAS RACIAIS NA EDUCAÇÃO SUPERIOR BRASILEIRA

Após anos de articulação na cultura, os militantes do MNU – isto é, o movimento negro marxista – conseguiram impor mais uma reivindicação de sua agenda cultural à agenda política: as cotas raciais como método de ingresso no ensino superior.

No dia 29 de agosto de 2012 foi promulgada pela presidente petista Dilma Rousseff a Lei n. 12.711, cujo art. 1º diz (Brasil, 2012):

> Art. 1º As instituições federais de educação superior vinculadas ao Ministério da Educação reservarão, em cada concurso seletivo para ingresso nos cursos de graduação, por curso e turno, no mínimo 50% (cinquenta por cento) de suas vagas para estudantes que tenham cursado integralmente o ensino médio em escolas públicas.

E o art. 3º complementa com:

> Art. 3º Em cada instituição federal de ensino superior, as vagas de que trata o art. 1º desta Lei serão preenchidas, por curso e turno, por autodeclarados pretos, pardos e indígenas e por pessoas com deficiência, nos termos da legislação, em proporção ao total de vagas no mínimo igual à proporção respectiva de pretos, pardos, indígenas e pessoas com deficiência na população da unidade da Federação onde está instalada a instituição, segundo o último censo da Fundação Instituto Brasileiro de Geografia e Estatística – IBGE.

A lei determinou que dois critérios fossem levados em consideração no processo seletivo do aluno: a classe social e a raça do indivíduo. Os telejornais da época reverberaram a notícia como se fosse uma vitória da população negra, repetindo a todo momento "o critério é raça! Uma vitória dos negros brasileiros!", e não se davam conta de que, naquele momento, o Brasil voltou para o século XIX, quando tínhamos institutos de eugenia país afora.

As universidades públicas e os institutos técnicos federais passaram a ter a obrigação de destinar metade das vagas aos cotistas. Da totalidade das vagas, 25% são destinadas para estudantes que fizeram todo o ensino médio em escola pública e com renda familiar de até um salário mínimo e meio por pessoa. Outros 25% são destinados aos estudantes negros, pardos ou indígenas, tendo como critério a raça. Mais à frente falaremos sobre isso.

Ao se pronunciar em relação às cotas, a presidente Dilma Rousseff declarou que elas significavam um duplo desafio: primeiro, é a democratização, o acesso às universidades, e segundo, o desafio de fazer isso mantendo um alto nível de ensino e a meritocracia" (Dilma..., 2012).

A democratização, de fato, ocorreu. É evidente que, se eu coloco um facilitador, um atalho no meio do caminho beneficiando determinado grupo racial da sociedade, o espaço será mais preenchido por este grupo que está colhendo os privilégios. Mas a que preço? Aqui, caro leitor, é necessário prestar um primeiro esclarecimento que, talvez, soe polêmico, mas a verdade é que não são todos que têm aptidões para a vida acadêmica e isso não tem absolutamente nada a ver com a cor de pele do sujeito.

A vida acadêmica exige que o indivíduo tenha, além do domínio técnico da área pesquisada, isto é, saber dos pormenores do tema em que se debruça, a habilidade da própria pesquisa, a qual exige horas de leitura, investigação dos dados e sistematização das informações. Repito: tais habilidades nada têm a ver com a cor de pele do indivíduo.

E quanto à formação profissionalizante da população? Há diversos ambientes educacionais, além das universidades públicas, que oferecem tal possibilidade, inclusive cursos do Senai e cursos tecnólogos, por exemplo.

É importante salientar que as universidades públicas, além de todos os problemas educacionais já mencionados neste livro, conta com o fenômeno em que boa parte dos seus alunos vêm de camadas sociais de maior poder aquisitivo, ao passo que os das classes mais baixas costumam pagar ensino privado para terem o diploma e se colocarem no mercado de trabalho. Por isso há estudiosos sérios que sugerem cobranças de mensalidades para os mais ricos e a resposta da esquerda é sempre a que vai contra a população mais carente: não.

É importante esclarecer que não há demérito algum em não se ter aptidões para a vida intelectual e acadêmica: é apenas uma questão de subjetividade, não de mérito. E é claro que centros universitários devem oferecer cursos mais voltados para a vertente profissionalizante, afinal, toda sociedade precisa de seus cidadãos exercendo atividades diversas para que se mantenha o funcionamento da ordem social.

O ponto acima apresentado é a refutação da ideia de que, só por colocar o sujeito dentro da universidade federal, isto é, democratizar a instituição, imediatamente o indivíduo assumirá uma aptidão que simplesmente não pertence à subjetividade de sua natureza, criando, assim, a ilusão de que, somente por ingressar na universidade, automaticamente o nível educacional de todos sobe.

Os outros dois pontos desafiantes que Dilma Rousseff havia anunciado na época do decreto da lei são os que circundam o assunto de cotas raciais e, portanto, vale a pena dedicar algumas linhas para tratá-los.

O primeiro deles é a meritocracia. Sempre que tentamos falar a respeito do mérito surge uma polêmica. O termo meritocracia parece estar em uma categoria de palavras intocáveis que a esquerda simplesmente não permite o debate acadêmico.

Comecemos pela etimologia da palavra. *Meritum* vem do latim e significa mérito, *cracia* vem do grego e quer dizer poder, assim, é o poder que vem do mérito. Pela própria etimologia da palavra, começamos a entender o porquê ser tão importante o debate em volta dela, como definir quem teve o maior mérito e quais são as pessoas que, de fato, têm o poder e o que o confere a elas.

A esquerda vai nos dizer que as pessoas que são privilegiadas material e socialmente – levando em consideração o racismo contra o negro no Brasil – têm, portanto, menos mérito empreendido em uma seleção para a universidade, por exemplo, pois o aluno vindo de camadas mais altas da sociedade não passou por eventuais situações de fome, de violência recorrente no bairro em que vive, frequentou escolas com estruturas físicas e corpo docente melhores, enfim, teve efetivamente privilégios materiais em relação às demais camadas. Assim, a esquerda acredita que a meritocracia não existe.

Já a direita vai nos dizer que as diferenças são inerentes à vida em sociedade e que as camadas mais altas também empreendem esforços, portanto, teriam mérito em suas conquistas, para alçar vagas, cargos de poder etc. Outro argumento utilizado é que herdeiros, por exemplo, embora não tivessem se esforçado para ter o próprio patrimônio, tiveram um antepassado que se empenhou para a construção das bonanças materiais, logo, de alguma forma, o mérito esteve presente, ainda que em uma geração anterior.

Diante das reais diferenças materiais das diferentes classes, os marxistas sempre vão propor sistemas que tenham como objetivo a igualdade para todos. Desde Karl Marx, que propunha a ditadura do proletariado como sistema de transição para, depois, chegarmos à sociedade igual, até Djamila Ribeiro, que acredita nas cotas raciais como ferramenta em busca de igualdade, a narrativa e o desejo são os mesmos.

A grande questão é que igualdade simplesmente não tem condição de existência enquanto um conceito concreto e o porquê moram na própria natureza do que é o ser humano. Embora todos nós sejamos seres humanos e dotados da mesma natureza humana, há a variabilidade da subjetividade e, por isso, nós, ao mesmo tempo que somos iguais em natureza, somos diferentes em subjetividade. Assim, a busca pela igualdade é por si só utópica e inalcançável.

Tendo em vista que a igualdade é inalcançável, a sociedade socialista proposta pelos esquerdistas como solução para os pontos de partida distintos é, portanto, a implicação da tirania da igualdade com o discurso que é a liberdade das supostas amarras capitalistas e dos problemas decorrentes destas amarras.

Não é que não haja privilegiados. É evidente que existem, mas a sociedade disposta da forma como está hoje, com sistema econômico capitalista e de livre mercado que aqui, no Brasil, não funciona plenamente por conta da interferência estatal, permite que haja condições de competição entre todos os componentes da sociedade, independentemente se este sai do melhor bairro do país ou do pior.

Além disso, no sistema de igualdade socialistas há um "teto" que se pode alcançar, ao passo que no capitalismo não existe um limite estipulado pelo Estado de quanto patrimônio pode ser acumulado individualmente. E, mesmo que não sejam todos que alcancem as camadas mais altas e privilegiadas, no sistema capitalista há mobilidade econômica e ascensão material.

O mérito é uma virtude que absolutamente todos deveriam estar em busca. E pode ser realizado nas mais diferentes escalas e esferas. Não há mérito em um alcoólatra se esforçar para se livrar do vício? Por acaso ele não deverá se esforçar para controlar a própria vontade e não ceder ao álcool? Discursos que dizem que mérito não existe minam a autoestima e determinação dos indivíduos menos privilegiados: se não existe uma forma de eu me esforçar e mudar a minha realidade, para que eu me esforçarei?

Sociedades livres para o desenvolvimento econômico por meio do livre mercado não são perfeitas, isso também é evidente. Entretanto, mesmo não sendo o Éden terrestre, são essas sociedades que possibilitam ascensões e os indivíduos que se moveram na esfera econômica podem ser os que, no futuro, darão oportunidades – seja por meio de fomentação de empregos ou de projetos sociais – para que outros pares ascendam.

No debate de meritocracia, outra carta na manga que sempre é puxada é a da *justiça social*. Os esquerdistas argumentam que a justiça deve ter caráter social, quer dizer, extrapolam o significado jurídico do termo e estabelecem que, por conta das mazelas sociais, só haverá justiça, efetivamente, não quando a letra da lei for cumprida – aliás, para eles, o cumprimento da lei pode ser um abuso de poder, já que os cidadãos partem de classes diferentes – logo, de acordo com eles, a justiça igual para todos seria uma forma de opressão, mas, quando a justiça fizer reparações sociais, elas atenderiam ao projeto por eles proposto. As cotas raciais seriam um tipo desta justiça social.

Na prática, contudo, o que vemos não é justiça social. De acordo com Thomas Sowell, o que os marxistas almejam é, na verdade, a justiça cósmica, isto é, uma reparação desigual da natureza, não somente dos problemas, cuja origem é social. Ao tentar sanar a diferença inata ao ser humano, o projeto de poder da esquerda sempre resulta em tirania. Adolf Hitler (1889-1945), por exemplo, queria sanar as diferenças raciais; o regime cubano sana todos os dias os "males" capitalistas impondo a opressão da miséria sobre a própria população.

Em suma, é preciso entender que existem desigualdades, precariedades, pobrezas que se tornam obstáculos à ascensão do negro, mas também existe o mérito, o esforço de mudar a própria conjuntura e que o modelo de sociedade que mais possibilita mudanças é o que tem o mercado regido pelas leis do capitalismo. É justamente esse mérito que faz com que a maioria dos que vivem na favela prefiram subir e descer o morro com uma marmita nas costas do que com o fuzil. Foi essa a realidade que encontrei na minha infância e foram os bons exemplos meritocráticos que me levaram para o caminho oposto ao do crime.

O último aspecto mencionado por Dilma Rousseff ao instituir as cotas é a qualidade de ensino dos centros acadêmicos. Por tudo que nós já apresentamos aqui neste livro, em termos de educação o Brasil é demasiadamente carente com relação à qualidade do ensino.

As universidades públicas têm suas diferenças das escolas quando o assunto é qualidade do ensino, pois algumas áreas têm centros de pesquisas científicas minimamente qualificados para padrões internacionais, como por exemplo, os trabalhos desenvolvidos pela Faculdade de Medicina da Universidade de São Paulo (FMUSP). Contudo, quando falamos da área de Humanas, o cenário é outro, pois esta tem o agravante de ser mais intensa na doutrinação marxista. O jovem entra na universidade como aluno comum e sai de lá como um revolucionário que tem Che Guevara como inspiração.

A mesma USP, por exemplo, conseguiu a 85ª posição no *ranking* internacional. O critério?

> Foram incorporados três novos indicadores – Sustentabilidade, Empregabilidade e Rede Internacional de Pesquisa – além da reformulação dos indicadores já utilizados: Reputação Acadêmica, Citações Científicas, Reputação entre Empregadores, Proporção de Docente por Aluno, Proporção de Estudantes Estrangeiros e Corpo Docente Internacional (Yamamoto, 2023).

O fenômeno de dominação cultural da esquerda é em nível mundial e as universidades estrangeiras não escapam da doutrinação marxista, por isso os critérios para avaliação educacional são número de citações de uma universidade e obediência à agenda ideológica estabelecida pelo crivo de sustentabilidade, por exemplo. Para termos uma ideia, Michel Foucault (1926-1984) e Paulo Freire são os nomes mais citados nas áreas acadêmicas pelo mundo.

APARTHEID DO BEM

Talvez essa parte do livro seja a mais polêmica. A partir daqui quero deixar claro para o leitor o porquê do meu posicionamento contrário às cotas raciais. Ver hoje, no Brasil, um jovem negro oriundo de camadas mais populares se colocando contra as cotas raciais pode soar como estranho ou fora da realidade do negro brasileiro, mas é justamente o oposto: se opor às cotas raciais mostra mais conexão com a realidade do que os esquerdistas imaginam.

Os dois principais aspectos que fazem com que eu seja contra cotas raciais são resumidos por duas perguntas: 1) não existe branco pobre no Brasil? 2) quem é negro no Brasil?

A narrativa da esquerda vai dizer que todo e qualquer branco é inatamente racista – teoria da branquitude – e que este, mesmo em condições adversas socialmente, colhe benefícios por conta de sua cor de pele. Partindo desta premissa, a esquerda ignora que a pobreza atinge pessoas brancas que podem estar vivendo em favelas e periferias, sofrendo com todas as mazelas características destes lugares.

Os marxistas também ignoram que colocam o próprio negro em um lugar estigmatizado: tratam como se todo negro fosse pobre favelado ou periférico, ou seja, um pobre coitado de mentalidade incapaz de mudar a própria realidade. Por fim, esquerdistas ignoram que é impossível quantificar determinados sofrimentos.

É evidente que existem graus com relação aos sofrimentos. Um cortezinho feito no dedo por uma folha de papel não equivale a um corte de faca, assim como amputar uma perna não equivale a bater o dedo do pé na quina de algum móvel, mas como quantificar o sofrimento coletivo – a pobreza, por exemplo – de maneira individual?

Eu, por exemplo, sou filho único de uma auxiliar de limpeza e de um garçom que desapareceu após meu nascimento, mas sempre tive o que comer em casa, ao passo que vi colegas brancos irem para a escola com fome e que só tinham acesso à alimentação melhor por conta da merenda escolar.

Ou, ainda, poderia exemplificar com o caso de meninas brancas que sofriam abusos e não conseguiam se concentrar nas aulas por conta de seus traumas. Assim como o racismo pode ser um elemento de destruição da vida acadêmica de uma criança ou adolescente, existem diversas outras mazelas que, somadas à pobreza, podem fazer tanto ou mais mal do que isso. Jogar o fardo do racismo, que de fato existe no Brasil, em cima das costas de todo e qualquer branco, além de não resolver o problema, invisibiliza a punição sobre aquele que efetivamente é racista.

A esquerda contra-argumentará dizendo que, dentre os mais pobres, a maioria é composta por negros, o que é verdade, e que, mesmo quando há brancos, o negro ainda está suscetível ao racismo, ao passo que o branco não está. Há dois pontos errados nesta afirmação marxista.

O primeiro é que as cotas raciais reforçam a ideia da cultura eugenista de que o negro possui debilidade intelectual, assim ele precisaria de cotas porque não teria capacidade intelectual para disputar com um branco de origem pobre como ele, por exemplo, e, deste modo, precisaria receber o benefício das cotas raciais. Ora, isso não aumentaria a desconfiança da capacidade em torno da figura negra? Isso não daria munição para o racista achar que o negro nunca será capaz tal qual o branco? A meu ver, sim.

Além disso, não amenizaria em nada o estigma racista que pode ser internalizado pelo próprio negro, ou seja, não amenizaria o sofrimento no final das contas: só aumentaria o problema, que é o que vem acontecendo.

O segundo erro é partir da premissa de que somente uma etnia detém o monopólio da discriminação racial. O branco também pode passar por situações racistas a depender da sociedade na qual está inserido. No contexto brasileiro, o qual tem o passado escravagista e eugenista, a cultura da subalternidade negra construída ao longo dos anos fez com que pessoas negras estivessem muito mais suscetíveis ao racismo do que pessoas brancas.

Entretanto, é completamente possível que pessoas brancas sofram discriminação, ainda mais levando em consideração os anos mais recentes da nossa História que, com fomento por parte da militância negra marxista, vem implantando segregação entre as raças. E é importante salientar que isso é racismo em seu conceito mais puro, nada de "racismo reverso". É simplesmente racismo. Inclusive, é importante cravar que a ideia de que somente negros podem ser vítimas de racismo é uma interpretação relativamente recente espalhada nos meios acadêmicos e, depois, no mundo midiático, pela esquerda. Contudo, os acordos internacionais sobre o tema, dos quais o Brasil é signatário, sempre tratam o racismo em seu sentido amplo.

Por exemplo, a *Convenção Interamericana Contra o Racismo, a Discriminação Racial e Formas Correlatadas de Intolerância* se compromete com a "erradicação total e incondicional do racismo, da discriminação racial e de todas as formas de intolerância". Enquanto no Capítulo II da mesma convenção se estabelece que "Todo ser humano é igual perante a lei e tem direito à igual proteção contra o racismo, a discriminação racial e formas correlatas de intolerância, em qualquer esfera da vida pública ou privada" (Brasil, 2022). E, por fim, a nossa própria Constituição Federal, em seu art. 3º, IV, diz que um dos objetivos de nossa República é: "Promover o bem de todos, sem preconceitos de origem, raça, sexo, cor, idade e quaisquer outras formas de discriminação" (Brasil, 1988).

Ou seja, a tese sociológica da esquerda, que busca legitimar atos de racismo contra pessoas brancas ou de outras cores, origens, religiões e etnias, é inconstitucional, antijurídica e logicamente falsa, e precisa ser combatida com a máxima veemência.

Ainda sobre o estigma a respeito da população negra, Thomas Sowell, em seu livro *Afirmações raciais ao redor do mundo*, além de descobrir que as políticas de cotas nunca solucionam problemas sociais e de cunho racial na sociedade, concluiu que nos Estados Unidos, por exemplo, professores de centros acadêmicos que entraram por meio de cotas raciais eram excluídos de atividades intelectuais, como grupos de pesquisas, porque os pares acreditavam que o negro não conseguiria ter capacidade intelectual para dar conta das demandas que a vida de um pesquisador exige. Ou seja, por meio da ferramenta de cota que, *a priori*, sanaria a ideia da inferioridade negra, na prática tal ideia foi acentuada.

Aqui no Brasil, por enquanto, não vemos exemplos destes, mas sem dúvidas as cotas raciais tornam-se argumentos para pessoas que são racistas, que já acreditam na inferioridade do negro, infestem a sociedade com o seu ponto de vista.

O segundo aspecto que me faz ser contrário às cotas raciais é a resposta à pergunta: "quem é negro no Brasil?". Esta é a pergunta de um milhão de dólares quanto o assunto é cota racial, de acordo com a classificação estipulada pelo IBGE:

> Amarelo se refere à pessoa que se declara de origem oriental: japonesa, chinesa, coreana; Indígena é a pessoa que se declara indígena, seja as que vivem em aldeias como as que vivem fora delas, inclusive em áreas quilombolas e em cidades; Branco é quem se declara branco e possui características físicas historicamente associadas às populações europeias; Pardo se refere a quem se declara pardo e possui miscigenação de raças com predomínio de traços negros; Preto é a pessoa que se declara preta e possui características físicas que indicam ascendência predominantemente africana (Moragas; Camilo, 2023).

Nas categorias oferecidas pelo IBGE não há a classificação *negro*: o termo se refere às pessoas que se autodeclaram pretas ou pardas. Como já mencionado, a declaração a qual grupo o indivíduo pertence é feita por meio de uma autodeclaração, ou seja, o próprio sujeito dirá com qual raça ele se identifica e se define.

O critério para ser contemplado por cotas raciais em processos seletivos parte da mesma premissa de autodeclaração. O que ocorre é que fraudes começaram a acontecer e pessoas nitidamente não negras passaram a ingressar nas universidades utilizando o sistema de cotas raciais. Tal problema sempre foi mencionado por pessoas que são contra as cotas raciais, porém ignorado por aqueles que dizem defender o progresso da sociedade.

Para solucionar o problema, foram institucionalizadas:

> Bancas de Aferição da Autodeclaração de Pessoa Negra, o Ministério do Planejamento, Desenvolvimento e Gestão/Secretaria de Gestão de Pessoas, por meio da Portaria Normativa n. 4, de 6 de abril de 2018, "[...] regulamenta o procedimento de heteroidentificação complementar à autodeclaração dos candidatos negros, para fins de preenchimento das vagas reservadas nos concursos públicos federais, nos termos da Lei n. 12.990, de 9 de junho de 2014 [...]" (Brasil, 2018, p. 1) Contudo, muitas universidades federais têm utilizado também a Portaria Normativa n. 04/2018, na qual se destaca o fenótipo negro (preto ou pardo) como único critério na identificação do candidato que optar por cotas raciais

> e a constituição de banca de aferição, que deve ser composta por cinco pessoas, obedecendo à diversidade de gênero e raça (Brasil, 2018).

Desde a sua gênese, as cotas raciais deram espaço para um sistema de segregação racial e as bancas de aferição reforçam esse caráter segregacionista. Além das autodeclarações, como forma de atestar que, de fato, é negro, o sujeito precisa se submeter a uma avaliação na qual pessoas dirão se ele é suficientemente negro ou não para conseguir uma vaga na faculdade ou no concurso público.

Os cegos pela ideologia marxista não percebem que este processo é a humilhação do negro brasileiro que, como se estivesse em um mercado de escravos, é avaliado por suas características físicas se é bom ou não para ter a presença no espaço acadêmico. Outro regime que viu com bons olhos a solução de medir as pessoas pelas características físicas foram os nazistas, e nós sabemos em que resultou a investida da "raça ariana".

Em 2016, o Instituto Federal do Pará lançou edital para o funcionalismo público com vagas para cargos técnico-administrativos. Seguindo a Lei de Cotas Raciais n. 12.990, de 2014, para concursos públicos – também sancionada por Dilma Rousseff – o edital continha as descrições das características físicas que os candidatos deveriam ter.

No Anexo IV do edital havia uma tabela com os "padrões avaliativos" que contava com a seguinte descrição: pele preta; nariz curto, largo e chato; lábios grossos; dentes muito alvos e oblíquos; mucosas roxas; formato do maxilar, tamanho do crânio (exatamente da mesma forma que os eugenistas faziam!) e face. Cabelos crespos e encarapinhados e barba pouca abundante.

Em 2020, a economista Rebeca Mello foi aprovada na seleção do concurso para analista técnico do Ministério Público da União (MPU), isto é, a candidata alcançou a nota desejada em prova, mas não foi aprovada pela banca de heteroidentificação. A banca alegou que Rebeca Mello, uma mulher claramente parda, não era negra o suficiente para ingressar no concurso por meio de cotas raciais e a desclassificou.

Calma que a situação piora. Ao acionar a justiça para reaver a decisão tomada pela banca racial, além de não conseguir reverter a situação, o desembargador Teófilo Caetano chegou a dizer que a candidata não conquistou a vaga porque é uma "mulher bonita". De acordo com Caetano:

> Ou seja, infere-se indubitavelmente de tal argumentação que, por ser [a candidata] uma mulher bonita e não apresentar as anatomias "identificadas aos negros" (cabelo crespo, nariz e lábios extremamente acentuados, cor da pele negra evidenciada) não sofrera discriminação, conquanto seja negra/parda, e, portanto, deveria ser excluída do certame pelo sistema de cotas (Galvão, 2020).

Parece que para o desembargador, pessoas negras são pessoas feias. Como a candidata é parda, logo, não possui traços negroides acentuados e, assim, é bonita e está isenta de discriminação racial. Quer dizer, de acordo com os marxistas, para combater o preconceito racial implantam-se ferramentas de preconceito racial e ainda argumentam com discursos de preconceito racial.

Em 2007, mais um caso controverso sobre cotas raciais veio à tona. Desta vez o palco para o *show* de discriminação racial foi a Universidade de Brasília (UnB). Os gêmeos univitelinos, isto é, idênticos, filhos de pai negro e mãe branca, inscreveram-se para o vestibular da UnB e resolveram tentar a modalidade das cotas raciais.

No processo de heteroidentificação de cada candidato, fotos são tiradas no Centro de Seleção e de Promoção de Eventos (Cespe/UnB) e, depois, avaliadas por uma banca que determinará quem é negro e quem não é.

Para a surpresa de todos, um dos irmãos foi aprovado pelas cotas e o outro foi reprovado, pois não foi considerado negro o suficiente. Um dos irmãos é contra as cotas e, à época, deu a seguinte declaração: "somos gêmeos idênticos e eu fui aceito, ele não. Acho que as cotas deveriam ser para candidatos carentes, que não têm condições de pagar uma boa universidade" (Bassette, 2007).

Eu poderia passar capítulos e mais capítulos mencionando o *apartheid* promovido pelo regime de cotas raciais na educação e nos concursos públicos, mas acredito que os três exemplos mencionados são suficientemente elucidativos para o nobre leitor entender que cotas raciais compõem um sistema de eugenia. As cotas representam retrocesso nas conquistas da população negra brasileira e promovem a humilhação do negro.

Ora, o racismo é justamente o processo em que o sujeito é julgado tendo como critério a própria aparência. Pela aparência dos negros, os eugenistas concluíram que estes eram inferiores nos mais diversos aspectos. O que as bancas raciais fazem senão julgar o sujeito negro? Se uma pessoa negra alisar o cabelo, por exemplo, ela deixa de ser negra? As bancas eugenistas colocam mais uma pressão em cima do negro que fica preocupado se a aparência está de acordo com o critério racista de cada aferidor.

Isso é exatamente o oposto do que Martin Luther King Jr. (1929--1968) sonhou e que, constantemente, é deturpado pela esquerda. No seu discurso "I have a dream" na Marcha sobre Washington, em 1963, ele disse (tradução livre):

> *Eu tenho um sonho de que um dia nas colinas vermelhas da Geórgia filhos de descendentes de escravos e filhos de descendentes de donos de escravos se sentarão juntos à mesa da fraternidade.*
>
> ...
>
> *Eu tenho um sonho de que um dia as minhas quatro pequenas crianças viverão em uma nação onde não serão julgadas pela cor da sua pele, mas sim pelo conteúdo do seu caráter. Eu tenho um sonho hoje!*
>
> ...

> *Eu tenho um sonho de que um dia no Alabama com seus racistas malignos e seu governador gotejando palavras de maldade; neste justo dia no Alabama, meninos e meninas negras vão unir suas mãos com meninos e meninas brancas. Eu tenho um sonho hoje!*
>
> ...
>
> *E quando isso acontecer, quando permitirmos o sino da liberdade soar, quando deixarmos ele soar em toda moradia, todo vilarejo, toda cidade, todo estado, nós chegaremos ao dia em que toda criança de Deus, todos homens pretos e homens brancos, judeus e gentios, protestantes e católicos, poderão unir as mãos e cantar como no velho espiritual negro:*
>
> *Livres afinal, livres afinal!*
>
> *Graças a Deus todo-poderoso, somos livres afinal!*

A SOLUÇÃO

É inegável que a pobreza atrapalha a ascensão do indivíduo e que a educação tem papel central na solução deste problema. A grande questão é que, além da educação de base ser para lá de precária, as cotas raciais são racistas e excluem o branco que é pobre e sofre com as mazelas de morar em locais com fome, violência e outros problemas.

Diante desse cenário, enxergo como solução mais viável ao problema da educação precária e das cotas raciais utilizar as cotas sociais como critério de avaliação.

Primeiro, porque o critério de avaliação é objetivo e não dá margem para algum tipo de humilhação ao candidato. Se o indivíduo possui determinada renda, por exemplo, um salário mínimo e meio, e tem documentos que comprovem a renda da sua família, logo, não há necessidade de o avaliador saber qual é a cor de pele do sujeito nem se há ou não legitimidade na negritude de alguém.

Segundo, porque, como vimos acima, as cotas raciais, além de humilhantes, podem, no final, excluir o negro. Com as cotas sociais o leque é expandido, pois todo aquele que objetivamente comprovar pertencer às camadas mais baixas da sociedade e que, por isso, colheu danos pela ausência de condições melhores de vida e de estudos, pode ser incluído na educação superior pública e mudar as condições sociais que o cercam.

Terceiro, porque, se a realidade é de que a maioria das pessoas que pertencem às camadas mais baixas do nosso país são as pardas, pretas, negras ou mestiças, logo, se o critério é a renda delas, e não traços físicos, elas serão contempladas pela política pública.

Ademais, as leis de cotas raciais, a exemplo do que aconteceu em outros lugares do mundo, uma vez instauradas, tendem a ser um processo perpétuo, pois nunca se estipula o fim desta política pública. Este fato é contraditório por si só. O que a literatura da Ciência Política vai nos dizer é que toda política afirmativa deve ter prazo para se encerrar.

As chamadas políticas públicas ou políticas afirmativas surgem no contexto político com o objetivo de corrigir alguma mazela social que atinja a população. Com o tempo, se bem-feita, a política deve ser extirpada, já que, teoricamente, o problema foi solucionado.

Acontece que, em países com governos populistas, a exemplo do Brasil, com gestões petistas há mais de uma década, a política pública torna-se palanque eleitoral ganhando caráter de agregadora de votos. No caso das cotas raciais, há ainda outro fenômeno, aquele que já mencionei e que dá título ao livro: a senzala ideológica.

A esquerda manipula a pauta das relações raciais de maneira tão torpe que difundiu na sociedade a ideia de que o negro só é negro se for de esquerda, que uma pessoa só é contra o racismo se esta pessoa for de esquerda, ou seja, jogam todos os negros em uma nova senzala: agora ela é ideológica.

Para além do aprisionamento dos próprios negros, há a manipulação desta população como massa de manobra para angariar votos:

como impera na sociedade a ideia de que somente pessoas de esquerda defendem os negros, logo, o político da esquerda que fizer coro à essa ideia mentirosa será o que ganhará votos da população negra e conseguirá o cargo político para continuar o projeto de dominação e aparelhamento da esquerda.

No final, as cotas raciais são defendidas eternamente porque são uma ferramenta de manipulação da população negra brasileira, não porque ela fomenta em alguma medida a ascensão intelectual e material dos negros. As cotas são uma espécie de carta dourada do baralho para que o político de esquerda saque da manga todas as vezes que deseja sinalizar virtudes.

De qualquer forma, é importante que se diga que mesmo as cotas sociais têm de ter um caráter temporário, pois a sua perpetuação significaria justamente que não estamos conseguindo superar as dificuldades sociais do nosso país, e isso passa pela melhoria da nossa educação pública, a qual é, realmente, a raiz do problema que estamos discutindo.

A melhora da qualidade de ensino, necessariamente, tem que passar pela inversão de prioridades, já que – como citei anteriormente – investimos proporcionalmente muito mais no ensino superior público do que no ensino básico. E quem usa o ensino superior público é, majoritariamente, de classe média alta ou classe alta, enquanto quem usa o ensino básico público são os mais pobres. Por outro lado, proporcionalmente são os mais pobres que pagam mais impostos no nosso país, o que cria uma espécie de pirâmide na qual os pobres sustentam a formação dos mais ricos.

Por isso sou favorável à ideia de se criar faixas de cobrança na universidade pública para quem tem condições de arcar com esses custos, além de parcerias público-privadas que colaborem para essas instituições chegarem cada vez mais próximo da autossustentabilidade financeira, permitindo ao Estado brasileiro investir mais na educação básica.

É evidente que essas medidas por si só não resolvem todo o problema, especialmente os de origem ideológica, mas abrem um caminho para começarmos a encarar os reais problemas de inclusão no nosso país, em vez de disfarçá-los com medidas de placebo que buscam apenas alimentar uma militância política específica.

Considerações finais

Em face do que é dito pela esquerda a respeito do que são os desafios enfrentados pelos negros brasileiros, desde a sociedade escravocrata até os dias de hoje, senti-me no dever moral de escrever a respeito do que são as relações raciais brasileiras e como a solução de cotas raciais é estapafúrdia, imoral e cruel com a população negra.

Como descrito no decorrer deste livro, vimos que o anacronismo dos marxistas ao se debruçarem na História do nosso país, além de leviano, leva ao equívoco de achar que a História da nossa pátria se resume ao antagonismo de classes de Karl Marx, já tão refutado por inúmeros intelectuais mundo afora.

Além disso, o anacronismo dos marxistas difunde a cultura do "brasileiro vira-lata" e fomenta indivíduos que não cultivam orgulho e amor pelo próprio país. Os marxistas nos negam uma história rica e bonita de luta, garra e amor pelas terras tupiniquins.

Se tratando da população negra, além de negar a nós a nossa história de contribuição e fundação desta pátria, ainda nos manipulam com discursos marxistas que vão na direção oposta de medidas que podem, efetivamente, melhorar a vida do povo negro.

Para a esquerda, nós, negros, sempre fomos apenas um celeiro no qual eles podem depositar suas ideias esdrúxulas e nos manipular em busca de votos para a próxima reeleição. A esquerda fala mal da família. Em *O manifesto do Partido Comunista*, de 1848, por exemplo, Karl Marx fala com todas as letras em expropriação da família burguesa – por *burguesa* entenda *cristã* –, e são os lares desestruturados, longe da tradição de mãe e pai casados criando os seus filhos juntos, que legam ao negro a criminalidade masculina e a libertinagem feminina.

A esquerda é contra o capitalismo, enquanto este é a única forma de organização econômica que deu aos Homens a possibilidade de ascensão material, ainda que não sejam todos que fiquem trilhardários evidentemente – e que, por meio desta, outras ascensões são possíveis, como a intelectual e a cultural, as quais, por sua vez, permitem que o negro preencha o seu imaginário com novas conjunturas sociais e, assim, vislumbre novas possibilidades.

A esquerda é contra a propriedade privada. De acordo com o pensamento insano deles, com a propriedade privada expropriada, isto é, com o anticapitalismo vencendo, todas as mazelas sociais – que, segundo eles, advêm do capitalismo – serão extirpadas. Já pensou em falar para a Dona Maria, que é trabalhadora árdua e a muito custo comprou uma casinha na periferia, que o problema do racismo no Brasil será resolvido assim que ela entregar a posse da casa dela para o Estado?

É óbvio que problemas sociais existem e, já que a máquina estatal também está presente em nossas vidas, é necessário que, por meio de boas e eficazes políticas públicas, se dê respaldo para os mais carentes em nossa sociedade.

É um ato de caridade e misericórdia cristã ajudar o irmão mais vulnerável, contudo, não é isso que a esquerda faz quando está no poder. Eles semeiam o caos e o ódio para colocarem em prática o lema de guerra que é antigo e conhecido por muitos: dividir para conquistar.

Além da missão de contribuir na grande parede de conhecimento que é o mercado editorial que este livro tem a cumprir, chamo atenção para o direito à pluralidade de ideias à população negra que é negado por parte da esquerda. Eles não nos permitem a discordância de ideias sem que isso não seja usado "contra" o negro de direita.

Antes de qualquer lado político, eu sou um ser humano e, portanto, possuo tamanha complexidade que extrapola a cor de minha pele ou a filosofia política que guia a minha visão de mundo. Quando a esquerda nos nega a pluralidade, ela nos joga dentro da senzala ideológica e repete a perversão de podar a liberdade do sujeito negro. Pior: com requintes de crueldade, a esquerda diz aos negros que, se não a seguirem, estão errados, são traidores da sua própria raça.

É preciso entender que, para combater o movimento negro contemporâneo, guiado pelo marxismo, é necessário que elevemos o nosso nível de conhecimento a respeito do que foi o movimento negro de vanguarda. É preciso que entendamos que há uma sofisticação profunda no que tange às teses norteadoras da abolição e dos movimentos do século XX, por exemplo.

Se não concordamos com as soluções absurdas sugeridas pelos marxistas, que sempre nos levam à revolução socialista deles, então que ofereçamos soluções melhores às questões sociais e raciais para o nosso país. Para a solução de um problema de qualquer natureza é preciso que, antes de tudo, se reconheça a sua existência. Assim, a partir do reconhecimento das mazelas sociais que existem no país e de que o marxismo não é o caminho, temos a missão de mostrarmos que não somos insensíveis com a dor do outro – como a esquerda nos acusa – mas que tratamos problemas reais com soluções reais usando a razão como ferramenta, não a emoção.

Bibliografia

A EDUCAÇÃO no Brasil é uma das piores do mundo – o que está acontecendo? *Brasil Paralelo*, 02 set. 2024. Disponível em: https://www.brasilparalelo.com.br/artigos/educacao-no-brasil-e-seus-desafios. Acesso em: 06 maio 2024.

ACESSO à leitura ainda é desafio no Brasil. Como formar mais leitores? *Pró-Saber São Paulo*, 9 mar. 2023. Disponível em: https://prosabersp.org.br/acesso-a-leitura-ainda-e-desafio-no-brasil-como-formar-mais-leitores/. Acesso em: 06 maio. 2024.

ALENCAR, A. A. D. Pedro II, a abolição da escravatura e o mito republicano. *Revista da ASBRAP*, Belo Horizonte, v. 1, n. 1, p. 21-23, 1994. Disponível em: https://www.asbrap.org.br/artigos/rev1_art3.pdf. Aceso em: 06 maio 2024.

ALENCAR, Alfredo Arraes. D. Pedro II, a abolição da escravatura e o mito republicano. *Revista da Asbrap*, n. 1, 1994. Disponível em: https://www.asbrap.org.br/artigos/rev1_art3.pdf. Acesso em: abr. 2024.

ALMEIDA, S. *Racismo estrutural*. São Paulo: Jandaíra, 2020.

ALONSO, A. *Flores, votos e balas:* O movimento abolicionista brasileiro (1868-88). São Paulo: Companhia das Letras, 2015.

ALVES, J. C. Depoimento. *Quilombo*, ano 1, n. 1, 1948. Disponível em: https://ipeafro.org.br/acervo-digital/leituras/ten-publicacoes/jornal-quilombo-no-01/. Acesso em: 06 maio 2024.

ASSOCIAÇÃO NACIONAL DE PÓS-GRADUAÇÃO E PESQUISA EM EDUCAÇÃO (ANPED). X Seminário ANPed Sul, 2014, Florianópolis. *Anais [...]*. Florianópolis: Universidade do Estado de Santa Catarina (Udesc), 2014. Disponível em: http://xanpedsul.faed.udesc.br/arq_pdf/1305-1.pdf. Acesso em: 30 nov. 2023.

AZEVEDO, R. A história da Educação no Brasil: uma longa jornada rumo à universalização. *A Gazeta do Povo*, 11 mar. 2018. Disponível em: https://www.gazetadopovo.com.br/

educacao/a-historia-da-educacao-no-brasil-uma-longa-jornada-rumo-a-universalizacao-84npcihyra8yzs2j8nnqn8d91/. Acesso em: 30 nov. 2023.

AZEVEDO, R. Veja 4 – Matéria de capa: raça não existe! *Veja*, 31 jul. 2020. Disponível em: https://veja.abril.com.br/coluna/reinaldo/veja-4-materia-de-capa-raca-nao-existe. Acesso em: 30 nov. 2023.

AZEVEDO, Rodrigo. A história da educação no Brasil: uma longa jornada rumo à universalização. *Gazeta do Povo*, 11 mar. 2018. Disponível em: https://www.gazetadopovo.com.br/educacao/a-historia-da-educacao-no-brasil-uma-longa-jornada-rumo-a-universalizacao-84npcihyra8yzs2j8nnqn8d91/. Acesso em: abr. 2024.

BARRETO, J. P. Movimento Negro Unificado celebra seus 45 anos na Alesp. *Alesp*, 28 jun. 2023. Disponível em: https://www.al.sp.gov.br/noticia/?id=455246. Acesso em: 06 maio 2024.

BARROS, W. Universidades federais registram mais de 7 casos de uso irregular de cotas raciais por mês. *G1*, 3 mar. 2023. Disponível em: https://g1.globo.com/educacao/noticia/2023/03/03/universidades-federais-registram-mais-de-7-casos-de-uso-irregular-de-cotas-raciaispor-mes.ghtml. Acesso em: 30 nov. 2023.

BASSETTE, F. Cotas na UnB: gêmeo idêntico é barrado. *G1*, 29 maio 2007, Disponível em: https://g1.globo.com/Noticias/Vestibular/0,,MUL43786-5604,00-COTAS+NA+UNB+GEMEO+IDENTICO+E+BARRADO.html#:~:text=Filhos%20de%20pai%20negro%20e,da%20universidade%20e%20Alex%20n%C3%A3o. Acesso em: 06 maio 2024.

BIBLIOTECA NACIONAL DIGITAL. *Radical Paulistano*, ano I, n. 14, 29 jul. 1869. Disponível em: https://memoria.bn.gov.br/docreader/DocReader.aspx?bib=713473&pagfis=53. Acesso em: abr. 2024.

BIBLIOTECA NACIONAL DIGITAL. *Dom João VI e a Biblioteca Nacional: O papel de um legado*. 2010. *Disponível em:* https://bndigital.bn.br/projetos/expo/djoaovi/cronologia.html. Acesso em: abril 2024.

BITTAR, M.; BITTAR, M. História da educação no Brasil: a escola pública no processo de democratização da sociedade. *Acta Scientiarum Education*, Maringá, v. 34, n. 02, p. 157-168, 2012.

BRASIL. *Lei de 15 de outubro de 1827*. Manda crear escolas de primeiras letras em todas as cidades, vilas e lugares mais populosos do Império. Rio de Janeiro, 1827. Disponível em: https://www.planalto.gov.br/ccivil_03/leis/lim/LIM..-15-10-1827.htm#:~:text=LEI%20DE%2015%20DE%20OUTUBRO,lugares%20mais%20populosos%20do%20Imp%C3%A9rio. Acesso em: 06 maio 2024.

BRASIL. Câmara dos Deputados. Autoriza o Poder Executivo abrir , pelo Ministério da Educação e Cultura, o crédito especial de C$ 1.000.000,00 a favor da União dos Homens de Côr, sociedade beneficente sediada no Distrito Federal. Rio de Janeiro, 22 de setembro de 1959. Disponível em: https://www.camara.leg.br/proposicoesWeb/prop_mostrarintegra?codteor=1207024&filename=Dossie-PL%20933/195. Acesso em: 30 nov. 2023.

BRASIL. Câmara dos Deputados. Lei de 7 de novembro de 1831. *Coleção de Leis do Império do Brasil - 1831*, Vol. 1, parte I. Disponível em: https://www2.camara.leg.br/legin/fed/lei_sn/1824-1899/lei-37659-7-novembro-1831-564776-publicacaooriginal-88704-pl.html. Acesso em: abr. 2024.

BRASIL. [Constituição (1988)]. *Constituição da República Federativa do Brasil de 1988*. Brasília, DF: Presidência da República. Disponível em: http://www.planalto.gov.br/ccivil_03/constituicao/constituicao.htm. Acesso em: 17 mar. 2021.

BRASIL. *Lei n. 10.639, de 9 de janeiro de 2003*. Altera a Lei n. 9.394, de 20 de dezembro de 1996, que estabelece as diretrizes e bases da educação nacional, para incluir no currículo oficial da Rede de Ensino a obrigatoriedade da temática "História e Cultura Afro-Brasileira", e dá outras providências. Brasília, DF: Presidência da República, 2003. Disponível em: https://www.planalto.gov.br/ccivil_03/leis/2003/l10.639.htm#:~:text=%C2%A7%201o%20O%20conte%C3%BAdo,econ%C3%B4mica%20e%20pol%C3%ADtica%20pertinentes%20%C3%A0. Acesso em: 06 maio 2024.

BRASIL. *Lei n. 12.711, de 29 de agosto de 2012*. Dispõe sobre o ingresso nas universidades federais e nas instituições federais de ensino técnico de nível médio e dá outras providências. Brasília, DF: Presidência da República, 2012. Disponível em: https://www.planalto.gov.br/ccivil_03/_ato2011-2014/2012/lei/l12711.htm. Acesso em: 06 maio 2024.

BRASIL. *Lei n. 12.990, de 9 de junho de 2014*. Reserva aos negros 20% (vinte por cento) das vagas oferecidas nos concursos públicos para provimento de cargos efetivos e empregos públicos no âmbito da administração pública federal, das autarquias, das fundações públicas, das empresas públicas e das sociedades de economia mista controladas pela União. Brasília, DF: Presidência da República, 9 jun. 2014. Disponível em: https://www.planalto.gov.br/ccivil_03/_ato2011-2014/2014/lei/l12990.htm. Acesso em: 26 abr. 2024.

BRASIL PARALELO. Qual o grande problema da educação no Brasil? O professor Felipe Nery debate essa questão. 16 ago. 2022. Disponível em: https://www.brasilparalelo.com.br/artigos/educacao-no-brasil. Acesso em: abr. 2024.

BRASIL. Portaria Normativa n. 4, de 6 de abril de 2018. *Diário Oficial da União*, 10 abr. 2018. Disponível em: https://concursos.pr4.ufrj.br/images/stories/_concursos_PR4/Edital-405-18/1-Editais-e-Anexos/

Portaria-Normativa-n-4-de-6-de-abril-de-2018---Dirio-Oficial-da-Unio---Imprensa-Nacional.pdf. Acesso em: abr. 2024.

BRASIL. Presidência da República. Casa Civil. Lei n. 3.353 de 13 de maio de 1888. Disponível em: https://www.planalto.gov.br/ccivil_03/leis/lim/lim3353.htm. Acesso em: abr. 2024.

BRASIL. Presidência da República. Decreto n. 10.932, de 10 de janeiro de 2022. Disponível em: https://www.planalto.gov.br/ccivil_03/_Ato2019-2022/2022/Decreto/D10932.htm. Acesso em: abr. 2024.

INSTITUTO BRASILEIRO DE GEOGRAFIA E ESTATÍSTICA (IBGE). Directoria Geral de Estatística. *Recenseamento do Brazil*: realizado em 1º de setembro de 1920: população. Rio de Janeiro: Typ. da Estatística, 1928. 868, [3]p. Disponível em: https://biblioteca.ibge.gov.br/index.php/biblioteca-catalogo?view=detalhes&id=26463. Acesso em: 06 maio 2024.

INSTITUTO BRASILEIRO DE GEOGRAFIA E ESTATÍSTICA (IBGE). *Censo 2022*: Panorama. GOV.BR/IBGE, 2022. Disponível em: https://censo2022.ibge.gov.br/panorama/. Acesso em: 06 maio 2024.

CARVALHO, O. de. *O mínimo que você precisa saber para não ser um idiota*. Rio de Janeiro: Record, 2013.

COSTA, M. M. M. da .; FREITAS, M. V. P. de . A gravidez na adolescência e a feminização da pobreza a partir de recortes de classe, gênero e raça. *Revista Direitos Culturais*, 2021.

CRUZ, M. S. da; CARVALHO, F. J. V.; IRFFI, G. Perfil socioeconômico, demográfico, cultural, regional e comportamental da gravidez na adolescência no Brasil. *Planejamento e Políticas Públicas – PPP*, Brasília, Ipea, n. 46, p. 243-266, jan./jul. 2016. Disponível em: https://www.ipea.gov.br/ppp/index.php/PPP/article/view/567/391. Acesso em: 30 nov. 2023.

CRUZ, P. A abolição, o ocaso da monarquia e manipulação histórica. *A Gazeta do Povo*, Curitiba, 13 maio 2019a. Disponível em: https://www.gazetadopovo.com.br/vozes/paulo-cruz/a-abolicao-o-ocaso-da-monarquia-e-a-manipulacao-historica/. Acesso em: 30 nov. 2023.

CRUZ, P. Abolição, o caso da Monarquia e manipulação histórica. *Gazeta do Povo*, Curitiba, 13 maio 2019b. Disponível em: https://www.gazetadopovo.com.br/vozes/paulo-cruz/a-abolicao-o-ocaso-da-monarquia-e-a-manipulacao-historica/. Acesso em: 29 abr. 2024.

CRUZ, P. Dr. Juliano Moreira: ciência e afeto contra o racismo. *A Gazeta do Povo*, Curitiba, 26 maio 2020. Disponível em: https://www.gazetadopovo.com.br/vozes/

paulo-cruz/dr-juliano-moreira-ciencia-e-afeto-contra-o-racismo/. Acesso em: 30 nov. 2023.

CRUZ, P. André Rebouças: o maior. *Gazeta do Povo,* Curitiba, 26 out. 2021. Disponível em: https://www.gazetadopovo.com.br/vozes/paulo-cruz/andrereboucas-o-maior/. Acesso em: 30 nov. 2023.

DAVIS, A. *Mulher, raça e classe.* São Paulo: Boitempo, 2016.

DILMA sanciona lei de cotas nas universidades. *G1,* 29 ago. 2012. Disponível em: https://g1.globo.com/brasil/noticia/2012/08/dilma-sanciona-lei-de-cotas-nas-universidades.html. Acesso em: 06 maio 2024.

DOMINGUES, P. *Uma história não contada*: negro, racismo e branqueamento em São Paulo no pós-abolição. São Paulo: Senac, 2004.

DOMINGUES, P. Movimento da negritude: uma breve reconstrução histórica. *Mediações – Revista de Ciências Sociais,* Londrina, v. 10, n. 1, p. 25-40, jan./jun. 2005.

DOMINGUES, P. Os descendentes de africanos vão à luta em Terra *Brasilis*. Frente Negra Brasileira (1931-37) e Teatro Experimental do Negro (1944-68). *Projeto História – Revista do Programa de Estudos Pós-Graduados em História,* São Paulo, v. 33, p. 131-158, ago./dez. 2006a. Disponível em: https://revistas.pucsp.br/index.php/revph/article/view/2288/1382. Acesso em: 30 abr. 2024.

DOMINGUES, P. O "messias" negro? Arlindo Veiga dos Santos (1902-1978): "Viva a nova monarquia brasileira; Viva Dom Pedro III!". *Varia História,* Belo Horizonte, v. 22, n. 36, dez. 2006b. Disponível em: Acesso em: https://www.scielo.br/j/vh/a/K7h4tBfsCVhMX3pstG3nznf/. 30 abr. 2024.

DOMINGUES, P. Frentenegrinas: notas de um capítulo da participação feminina na história da luta antirracista no Brasil. *Cadernos Pagu,* Campinas, n. 28, p. 345-374, jan./jul. 2007a. Disponível em: https://www.scielo.br/j/cpa/a/BxK3GdGdpbRc8XCygctTGcx/?format=pdf. Acesso em: 30 nov. 2023.

DOMINGUES, P. Movimento negro brasileiro: alguns apontamentos históricos. *Tempo,* Niterói, v. 12, n. 23, p. 100-122, 2007b.

DOMINGUES, P. Um "templo de luz": Frente Negra Brasileira (1931-1937) e a questão da educação. *Revista Brasileira de Educação,* Rio de Janeiro, v. 13, n. 39, p. 517-534, dez. 2008. Disponível em: https://www.scielo.br/j/rbedu/a/hqBHpKJHNtbrVMgJb3Fpv9M/?format=pdf&lang=pt. Acesso em: 30 abr. 2024.

FERNANDES, Florestan. *A integração do negro na sociedade de classes.* São Paulo: FFLC/USP, 1964.

FERREIRA, A. E. C. S.; CARVALHO, C. H. de. *Escolarização e analfabetismo no Brasil*: estudo das mensagens dos presidentes dos estados de São Paulo, Paraná e Rio Grande do Norte (1890-1930). 2018. Comunicação. Goiânia: Pontifícia Universidade Católica de Goiás (PUC-GO), 2018. Disponível em: https://sites.pucgoias.edu.br/pos-graduacao/mestrado-doutorado-educacao/wp-content/uploads/sites/61/2018/05/Ana-Em%C3%ADlia-Cordeiro-Souto-Ferreira_-Carlos-Henrique-de-Carvalho.pdf. Acesso em: 06 maio 2023.

FÓRUM BRASILEIRO DE SEGURANÇA PÚBLICA – FBSP. Anuário brasileiro de segurança pública, 2020. Disponível em: https://forumseguranca.org.br/wp-content/uploads/2020/10/anuario-14-2020-v1-interativo.pdf. Acesso em: abr. 2024.

FRAGA, H. N. *Quilombo, vida, problemas e aspirações do negro*, Rio de Janeiro, ano I, n. 2, 9 maio 1949, 8 p. Disponível em: https://ipeafro.org.br/acervo-digital/leituras/ten-publicacoes/jornal-quilombo-no-02/. Acesso em: 06 maio 2024.

FREIRE, P. *Pedagogia do oprimido*. 17. ed. Rio de Janeiro: Paz e Terra, 1987.

FREITAS, Geisiane; Silva, Patrícia. *O que não te contaram sobre o movimento antirracista*. São Paulo: Avis Rara, 2023.

GALVÃO, W. Candidata negra foi desqualificada de cota racial em concurso por ser "bonita", entende Justiça do DF. *G1 DF*, 2 out. 2020. Disponível em: https://g1.globo.com/df/distrito-federal/noticia/2020/10/02/candidata-negra-foi-desqualificada-de-cota-racial-em-concurso-por-ser-bonita-entende-justica-do-df.ghtml. Acesso em: 26 abr. 2024.

IMPRENSA NEGRA PAULISTA; INSTITUTO DE ESTUDOS BRASILEIROS. *A Voz da Raça*. São Paulo: Universidade de São Paulo (USP), 2024. Disponível em: https://biton.uspnet.usp.br/imprensa-negra/index.php/a-voz-daraca/. Acesso em: 30 nov. 2023.

INDICADOR DE ALFABETISMO FUNCIONAL (INAF). Alfabetismo no Brasil. Disponível em: https://alfabetismofuncional.org.br/alfabetismo-no-brasil/. Acesso em: 30 nov. 2023.

INSTITUTO BRASILEIRO DE GEOGRAFIA E ESTATÍSTICA – IBGE. Pesquisa Nacional por Amostra de Domicílios Contínua. Educação 2023. Disponível em: https://static.poder360.com.br/2024/03/PNAD_Educacao_2023-1.pdf. Acesso em: abr. 2024.

INSTITUTO LIBERAL (IL). A trajetória de Luís Gama, o maior abolicionista de todos os tempos. Rio de Janeiro: IL, 23 nov. 2021. Disponível em: https://www.institutoliberal.org.br/blog/a-trajetoria-de-luis-gama-o-maior-abolicionista-de-todos-os-tempos/. Acesso em: 30 nov. 2023.

INSTITUTO PRÓ-LIVRO. *Pesquisa Retratos da Leitura no Brasil*, 2019. Disponível em: http://plataforma.prolivro.org.br/retratos.php. Acesso em abr. 2024.

JESUS, Marcus Mendonça Gonçalves; PEREIRA, Erick Wilson. Infanticídio indígena no Brasil: o conflito entre o direito à vida e à liberdade cultural e religiosa dos povos indígenas. *Pensar: Revista de Ciências Jurídicas*, v. 22, n. 1, 2017. Disponível em: https://ojs.unifor.br/rpen/article/view/5231. Acesso em: abr. 2024.

KRÜGER, A. Barroso restabelece mandato de Renato Freitas e anula ato que decretou cassação. *G1 PR*, 23 set. 2022. Disponível em: https://g1.globo.com/pr/parana/noticia/2022/09/23/barroso-restabelece-mandato-de-renato-freitas-e-anula-decisoes-do-tj-pr.ghtml. Acesso em: 06 maio 2024.

LOURENÇO, T. Escolas brasileiras ainda formam analfabetos funcionais. *Jornal da USP*, 13 nov. 2020. Disponível em: https://jornal.usp.br/atualidades/escolas-brasileiras-ainda-formam-analfabetos-funcionais/. Acesso em: 06 maio 2024.

MAIO, M. C. O Projeto Unesco e a agenda das ciências sociais no Brasil dos anos 40 e 50. *Revista Brasileira de Ciências Sociais*, São Paulo, v. 14, n. 41, out. 1999.

MALATIAN, T. O cavaleiro negro: Arlindo Veiga dos Santos e a Frente Negra Brasileira (1931-1934). *Revista Brasileira de História das Religiões*, São Luís, v. 5, n. 15, 2013. p. 5.

MATTOSO, K. M. de Q. *Ser escravo no Brasil*. Petrópolis: Vozes, 2016.

MOREIRA, J. Notícia sobre a evolução da assistência a alienados no Brasil (1905). História da Psiquiatria. *Revista Latinoamericana de Psicopatologia Fundamental*, São Paulo, v. 14, n, 4, dez. 2011. Disponível em: https://doi.org/10.1590/S1415-47142011000400012. Acesso em: 29 abr. 2024.

MÉTRAUX, Alfred. An inquiry into race relations in Brazil. *UNESCO Courier*, Aug.-Sept. 1952.

MORAGAS, Vicente Junqueira; CAMILO, Adriana Almeida. Que categorias o Censo IBGE utiliza para raça e cor? Tribunal de Justiça do Distrito Federal e dos Territórios, 2023. Disponível em: https://www.tjdft.jus.br/acessibilidade/publicacoes/sementes-da-equidade/que-categorias-o-censo-ibge-utiliza-para-raca-e-cor. Acesso em: abr. 2024.

MOVIMENTO NEGRO UNIFICADO (MNU). *Site*. Disponível em: https://mnu.org.br/. Acesso em: 30 nov. 2023.

NASCIMENTO, A. do. Teatro Experimental do Negro: trajetória e reflexões. *Estudos Avançados*, São Paulo, v. 18, n. 50, p. 209-224, 2004. Disponível em: https://www.revistas.usp.br/eav/article/view/9982/11554. Acesso em: 06 maio 2024.

PALHARES, I. Negros são 71,7% dos jovens que abandonam a escola no Brasil. *Folha de S. Paulo*, 15 jul. 2020. Disponível em: https://www1.folha.uol.com.br/

educacao/2020/06/negros-sao-717-dos-jovens-que-abandonam-a-escola-no-brasil.shtml. Acesso em: 26 abr. 2024.

PEREIRA, Amilcar A. *O Mundo Negro*: a constituição do movimento negro contemporâneo no Brasil (1970-1995). Tese de doutorado em História, Universidade Federal Fluminense, 2010.

RAMOS, Arthur. Os grandes problemas da Antropologia brasileira. *Sociologia*, X, 4, 1948, p. 213-226.

REBOUÇAS, André Pinto. *Diário relativo à guerra no Paraguai de 15 de março a 23 de junho de 1866*, 1838-1898. Disponível em: https://objdigital.bn.br/objdigital2/acervo_digital/div_manuscritos/mss1428043/mss1428043.pdf. Acesso em: abr. 2024.

RODRIGUES, M. F. Raça e criminalidade na obra de Nina Rodrigues: Uma história psicossocial dos estudos raciais no Brasil do final do século XIX. *Estudos e Pesquisas em Psicologia*, Rio de Janeiro, v. 15, n. 3, p. 1.118-1.135, 5 nov. 2015.

RODRIGUES, R. N. *As Raças Humanas e a Responsabilidade Penal no Brasil*. Salvador: Livraria Progresso, 1957.

RODRIGUES, R. N. Mestiçagem, degenerescência e crime. *História, Ciências, Saúde – Manguinhos*, Rio de Janeiro, v. 15, n. 4, p. 1.151-1.182, out./dez. 2008. Disponível em: https://www.scielo.br/j/hcsm/a/mxYFjnPKvMdtpvnr4q7v6kL/?format=pdf&lang=pt. Acesso em: 30 nov. 2023.

RODRIGUES, R. N. *Os africanos no Brasil*. Rio de Janeiro: Centro Edelstein de Pesquisas Sociais, 2010. Disponível em: https://static.scielo.org/scielobooks/mmtct/pdf/rodrigues-9788579820106.pdf. Acesso em: 30 nov. 2023.

SCHLEICHER, Andreas. PISA 2018: Insights and interpretations. OECD, 2018. Disponível em: https://www.oecd.org/pisa/PISA%202018%20Insights%20and%20Interpretations%20FINAL%20PDF.pdf. Acesso em: abr. 2024.

SCHWARCZ, L. *O Espetáculo das Raças*. São Paulo: Companhia das Letras, 1993.

SCHWARCZ, L. The spectacle of the races: Scientists, institutions, and the race question in Brazil, 1870-1930. Trad. Lilia Guyer. [*S.l.*]: Hill & Wang, 1999.

SCHWARCZ, L. Não há motivo para celebrar os 130 anos da Lei Áurea, diz antropóloga. *Folha de S.Paulo*, 13 maio 2018. Disponível em: https://www1.folha.uol.com.br/ilustrissima/2018/05/nao-ha-motivo-para-celebrar-os-130-anos-da-lei-aurea-diz-antropologa.shtml. Acesso em: 26 abr. 2024.

SILVA, Joselina. A União dos Homens de Cor: aspectos do movimento negro dos anos 40 e 50. 2003. Disponível em: https://www.scielo.br/j/eaa/a/QSsCvKP5t6Q7gtTqrczkbjr/#. Acesso em: abr. 2024.

SILVA, M. A. P. *A voz da raça*: uma expressão negra no Brasil que queria ser branco. 2003. Tese (Doutorado em Ciências Sociais) – Programa de Estudos Pós-Graduados em Ciências Sociais. Orientadora: Teresinha Bernardo. Faculdade de Ciências Sociais, Pontifícia Universidade Católica de São Paulo (PUC-SP), São Paulo, 2003. Disponível em: https://tede2.pucsp.br/handle/handle/22225. Acesso em: 06 maio 2024.

SOUTO, M. Lula anuncia R$ 45 bi de investimento em educação, ciência e tecnologia. *Correio Braziliense,* 11 ago. 2023. Disponível em: https://www.correiobraziliense.com.br/politica/2023/08/5116476-lula-anuncia-rs-45-bi-de-investimento-em-educacao-ciencia-e-tecnologia.html. Acesso em: 30 nov. 2023.

SOUSA, Rainer Gonçalves. *O canibalismo entre os tupinambás.* Mundo Educação. Disponível em: https://mundoeducacao.uol.com.br/historiadobrasil/o-canibalismo-entre-os-indios-tupinambas.htm. Acesso em: abr. 2024.

SOUZA, M. G. de. Bancas de aferição, fraudes e seus desafios na educação superior e nos concursos públicos. *Educação em Debate*, Fortaleza, ano 42, n. 83, set./dez. 2020. Disponível em: https://repositorio.ufc.br/bitstream/riufc/58150/1/2020_art_mgsouza.pdf. Acesso em: 30 nov. 2023.

SOUZA, V. S. de. A eugenia no Brasil: ciência e pensamento social no movimento eugenista brasileiro do entre-guerras. *In*: SIMPÓSIO NACIONAL DE HISTÓRIA, XXIII, 2005, Londrina. *Anais* [...]. Londrina: Associação Nacional de História (ANPUH); Universidade Federal de Santa Catarina (UFSC), 2014. Disponível em: https://sgmd.nute.ufsc.br/content/sgmd-resources-conselheiros/ebook/medias/pdf/A%20eugenia%20no%20Brasil-%20inserido.compressed.pdf. Acesso em: 30 nov. 2023.

SOWELL, T. *Ações afirmativas ao redor do mundo*: um estudo empírico sobre cotas e grupos preferenciais. São Paulo: É Realizações, 2016.

STF anula cassação de vereador que protestou contra racismo em igreja no PR. *UOL*, 24 set. 2022. Disponível em: https://noticias.uol.com.br/politica/ultimas-noticias/2022/09/24/stf-anula-cassacao-de-vereador-que-protestou-contra-racismo-em-igreja-no-pr.htm. Acesso em: 06 maio 2024.

TRINDADE, A. D. *André Rebouças*: um engenheiro do Império. São Paulo: Hucitec, 2010.

YAMAMOTO, Erika. Pela primeira vez, uma universidade brasileira está entre as 100 melhores em ranking. *Jornal da USP*, 27 jun. 2023. Disponível em: https://jornal.usp.br/institucional/pela-primeira-vez-uma-universidade-brasileira-esta-entre-as-100-melhores-em-ranking/. Acesso em: abr. 2024.